일기 쓰기 재미 사전 2

펴낸날 2022년 2월 18일
2쇄 펴낸날 2024년 6월 12일

글 송현지
펴낸이 주계수 | 편집책임 이슬기 | 꾸민이 이슬기

펴낸곳 고래책빵 | 출판등록 제 2018-000141 호
주소 서울시 마포구 양화로 7길 47 상훈빌딩 2층
전화 02-6925-0370 | 팩스 02-6925-0380
홈페이지 www.bobbook.co.kr | 이메일 bobbook@hanmail.net

© 송현지, 2022
ISBN 979-11-89879-79-2 (73800)

※ 이 책은 저작권법에 따라 보호받는 저작물이므로 무단전재와 복제를 금합니다.

일기 쓰기 2
재미 사전

글_송현지

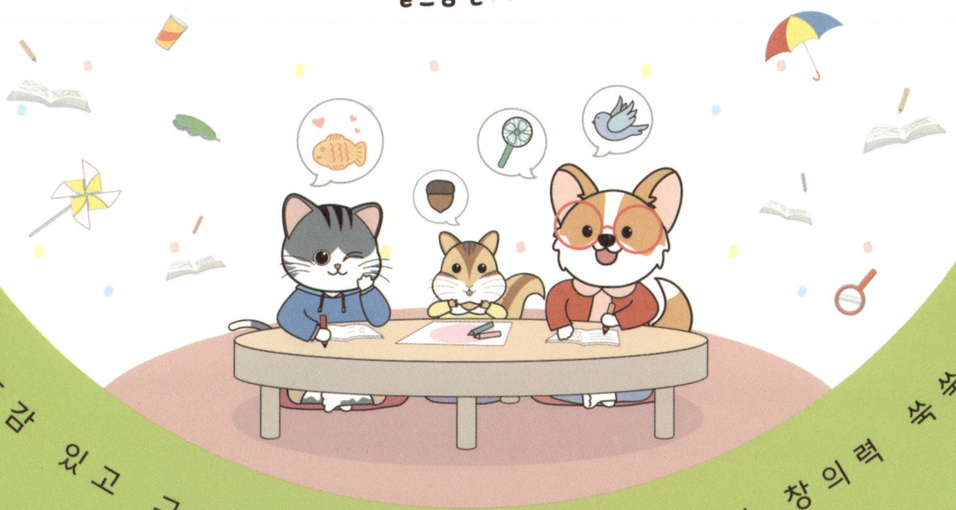

생동감 있고 구체적인 표현으로 사고력 확장! 창의력 쑥쑥!

> 일기 쓰기를 시작하는 친구들 꼭 읽어 보세요!

일기란?

1. 오늘 나에게 있었던 일을 글로 쓰는 것.
2. 오늘 나에게 있던 일 중에서 가장 특별했던 일을 글로 쓰는 것.
3. 오늘 나에게 있던 일 중에서 특별하진 않았지만 기억에 잘 떠오르는 일을 글로 쓰는 것.
4. 오늘 나에게 있었던 일 중에서 가장 기억에 남는 일을 글로 쓰는 것.
5. 일기 쓰기 전에 꼭 생각 정리를 하는 것.

💡 **하지만 무엇보다 중요한 것은 내 생각을 꼭 써야 나의 일기가 된다는 것!**

일기는 어려운 숙제가 아니다!

1. 일기는 나중에 보며 웃을 수 있는 추억이 되고
2. 일기는 더 나은 내일을 계획하는 계획표가 되고
3. 일기는 오늘을 돌아보는 반성문이 되고
4. 일기는 나를 더 표현하는 작품집이 되고
5. 일기는 나와 다른 사람을 연결해주는 연결고리가 될 수 있답니다.

일기를 꾸준히 쓰게 되면 박사가 된다

1. '날씨 관찰', '날씨 표현' 박사가 된다.
2. 여러 가지 다양한 '감정 표현' 박사가 된다.
3. '감정 늘리기' 박사가 된다.
4. '재미나게 말하는' 말 박사가 된다.
5. '글짓기' 박사가 된다.

선생님, 부모님 꼭 읽어 보세요!

일기 쓰기 코칭 팁

1. 먼저 다양하게 표현한다

'우리 아이는 왜 이렇게 표현이 단순하지? 표현력이 부족하지?'라고 생각하신다면 부모님(선생님)의 표현부터 점검해 주세요. 먼저 다양하게 표현해준다면 아이는 분명히 따라한답니다.

2. 개방적 질문을 한다

엄마가 이미 답을 정하고 아이에게 질문하지 마세요. 특히 '예, 아니오'로 대답하는 폐쇄적 질문은 지양하고 생각하고 대답할 수 있는 개방적인 질문을 해 보세요. 아이의 생각이 열린답니다.

3. 제시를 많이 해준다

개방적인 질문을 했더니 아이가 대답을 못한다고요? 아이가 대답을 망설인다면 여러 가지 표현을 제시해서 망설이는 시간을 단축할 수 있도록 도와주세요. 주관식을 잘 풀려면 객관식부터 시작해보면 됩니다.

4. 칭찬을 많이 한다

우리 아이가 일기를 잘 썼으면 좋겠죠? 그럼 무엇보다 칭찬을 많이 해주세요. 어떻게든 칭찬거리를 찾아서 해주세요. 현명한 엄마 중에 칭찬을 아끼는 엄마는 없답니다. 칭찬보다 더 좋은 동기부여도 없죠.

6. 기다려 준다

아이가 지금 당장 자기의 생각을 말하지 못한다고 해서 재촉하지 마세요. 때로는 기다려 주는 것이 자신감과 독립심을 키우는 가장 좋은 방법입니다.

6. 생각 정리를 도와주세요

일기를 쓰기 전에 가장 중요한 활동이 바로 생각 정리입니다. 경험한 것들에 대해 생각을 정리해야 훨씬 쉽게 일기를 쓸 수 있어요. 대화를 나누며 생각을 정리하고 글로 메모하여 정리를 도와주세요.

열 두 가지 일기 쓰기 비법

1 날씨 일기   11

2 음식 일기   21

3 관찰 일기(사물, 인물, 동물)   33

4 호기심 해결 일기   53

5 요즘 내가 좋아하는 것과 싫어하는 것   61

6 주제 일기(만약에, 상상)   71

7	속담 일기	87
8	경험 일기(체험, 여행)	95
9	효 일기	103
10	감사 일기	111
11	다짐 일기	119
12	감정 일기	127

1 날씨 일기

 날씨 일기 쓰기 비법

1. 날씨 일기를 쓰기 위해서는 날씨를 자주, 자세히 그리고 열심히 관찰해야 합니다. 해님을 보며 해님이 뭐 하고 있는 것 같은지도 생각해보고, 구름을 보며 '어디를 갈까?' 생각해보고 좌락좌락 내리는 비를 보며 '비는 어떤 기분일까?' 하는 생각도 해봅니다.

2. 날씨를 보고 돌아서면 우리는 금방 잊어버립니다. 그러니 하늘의 사진을 찍어서 날씨를 쓸 때 활용해 보세요. 동영상을 찍는 것도 좋답니다.

3. 날씨를 표현할 때는 날씨의 주인공과 어울리는 흉내 내는 말을 사용해 보세요. 그냥 '해님이 웃는 날'보다는 '방실방실 해님이 웃는 날'이라고 표현하면 훨씬 생동감 있게 표현할 수 있답니다.

4. 날씨를 표현하기 어렵다고요? 그럼 날씨의 주인공들이 사람이라고 생각해 보세요. 날씨도 살아 있다고 생각해 보세요. '해님이 쨍쨍' 말고 '해님이 쨍쨍 열심히 일하는 날'이라고 표현하면 해님이 더 친근하게 느껴진답니다. 내 글에 등장하는 단어가 살아있는 존재 같고 친근하게 느껴진다면 내가 글쓰기에 재미를 붙이게 되었다는 아주 기쁜 소식이지요.

5. 오늘 날씨에 별명을 지어 보세요. 그냥 '추운 날'이라고 하지 말고 '오들오들 꽁꽁 대왕'처럼 웃음이 나게 지어 보세요. 그리고 그 별명을 제목으로 해보는 것도 좋은 방법입니다.

 생각 정리 리스트

- 해님은 무얼 하고 있니?
- 바람은 무얼 하고 있니?
- 미세먼지는 무얼 하고 있니?
- 그래서 내 기분이 어떠니?
- 내일은 어떤 날씨가 되면 좋겠니?
- 구름은 무얼 하고 있니?
- 비 님은 무얼 하고 있니?
- 나무와 꽃은 무얼 하고 있니?
- 날씨의 별명을 지어 본다면?
- 내가 좋아하는 날씨는?

 생각 정리 브레인스토밍

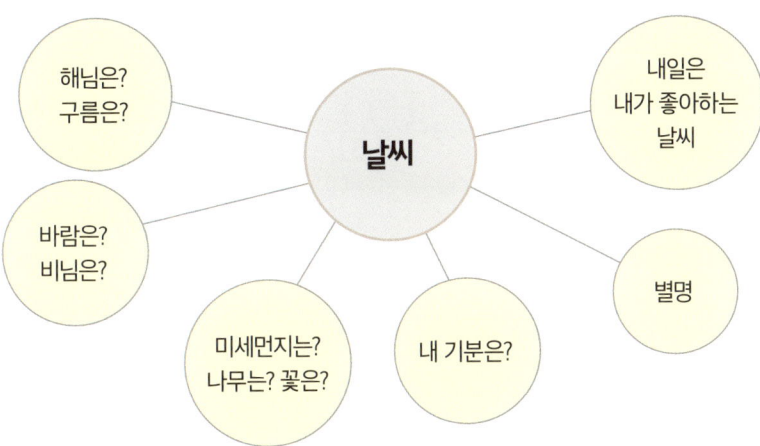

🍇 생각 정리는 일기예보와 바깥 날씨를 살펴보고 오늘의 날씨에 맞춰서 해 보세요. 처음에는 두 세 개 정도 해보고 점점 늘려보세요.

🐌 **일기 주제** **봄 날씨1**   강승규

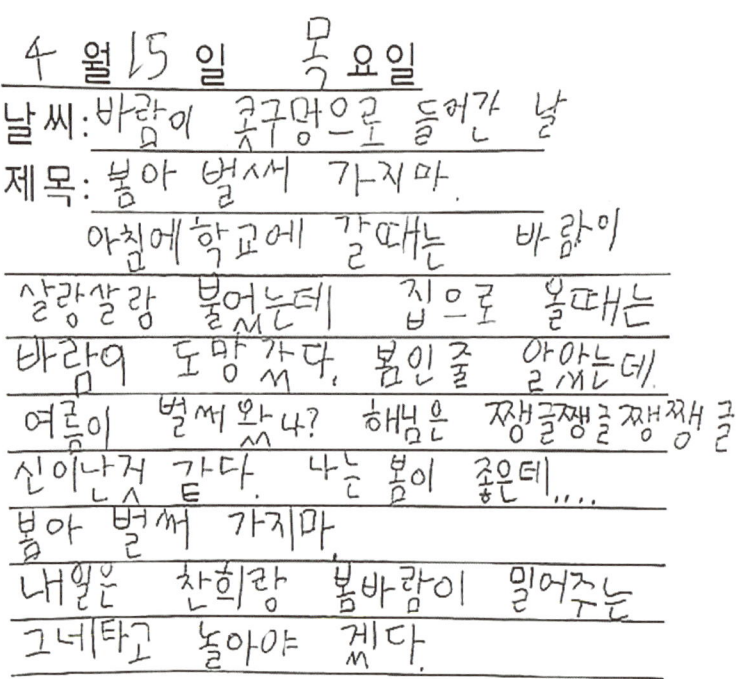

4월 15일 목요일
날씨: 바람이 콧구멍으로 들어간 날
제목: 봄아 벌써 가지마.

　아침에 학교에 갈때는 바람이 살랑살랑 불었는데 집으로 올때는 바람이 도망갔다. 봄인줄 알았는데 여름이 벌써왔나? 해님은 쨍글쨍글쨍쨍 글 신이난것 같다. 나는 봄이 좋은데....
봄아 벌써 가지마.
내일은 찬희랑 봄바람이 밀어주는 그네타고 놀아야 겠다.

♪ 오늘 해님과 어울리는 흉내 내는 말을 써보세요.

일기 주제 봄 날씨2   박세현

2021년 3월 16일. 화요일
생생 날씨: 미세먼지가 해님을 괴롭히는날
나만의 제목: 띵동띵동! 누구시오?

룰루랄라 하고 하는 우후에
날씨를 관찰해 보았다.
해님을 보니 야호야호 기분이 좋아
보였다.
바람은 쌀쌀하기도하고 따뜻하게
불기도 했다. 아마도 꽃들은 깨어날
준비를 하고 있을것 같다. 그래서
자꾸만 입이 씨익씨익 미소를 짓는
기분이었다. 오늘의 날씨 별명은
(띵동띵동! 봄이 배달 되었습니다.)
이다.

♪ 오늘 날씨와 어울리는 흉내 내는 말을 써보세요.

일기 주제 여름 날씨   최서은

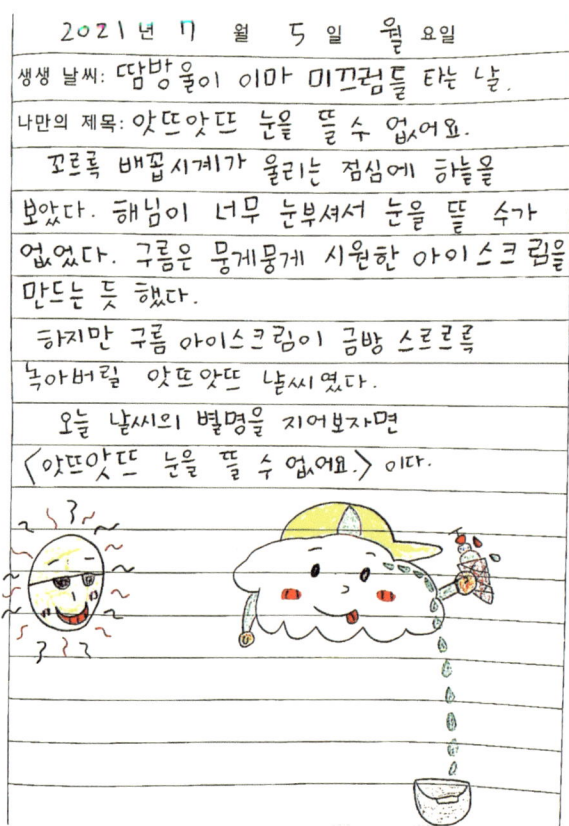

2021년 7월 5일 월요일
생생 날씨: 땀방울이 이마 미끄럼틀 타는 날.
나만의 제목: 앗뜨앗뜨 눈을 뜰 수 없어요.

꼬르륵 배꼽시계가 울리는 점심에 하늘을 보았다. 해님이 너무 눈부셔서 눈을 뜰 수가 없었다. 구름은 뭉게뭉게 시원한 아이스크림을 만드는 듯 했다.
하지만 구름 아이스크림이 금방 스르르륵 녹아버릴 앗뜨앗뜨 날씨였다.
오늘 날씨의 별명을 지어보자면
〈앗뜨앗뜨 눈을 뜰 수 없어요.〉이다.

♪ 여름에 날씨가 더워서 무슨 일이 일어날 지 상상해볼까요?

일기 주제 여름 날씨2 송윤채

2021년 8월 25일 수요일
생생 날씨: 쿵쿵 번개가 결혼하는 날
나만의 제목: 놀라 번쩍 쿵 천둥번개

쉬고 싶은 오후에 하늘을 보았다. 비가 홍수를 일으킬 정도로 파바박 내렸다. 바람은 우산을 쓰고있는 나를 무인도 보낼 정도로 휘이익! 부렀다. 또 천둥번개가 집한채를 없앨 정도로 많이 쳤다. 쿵 소리가 나서 밖에 무슨일이 생겼는지 궁금했다.

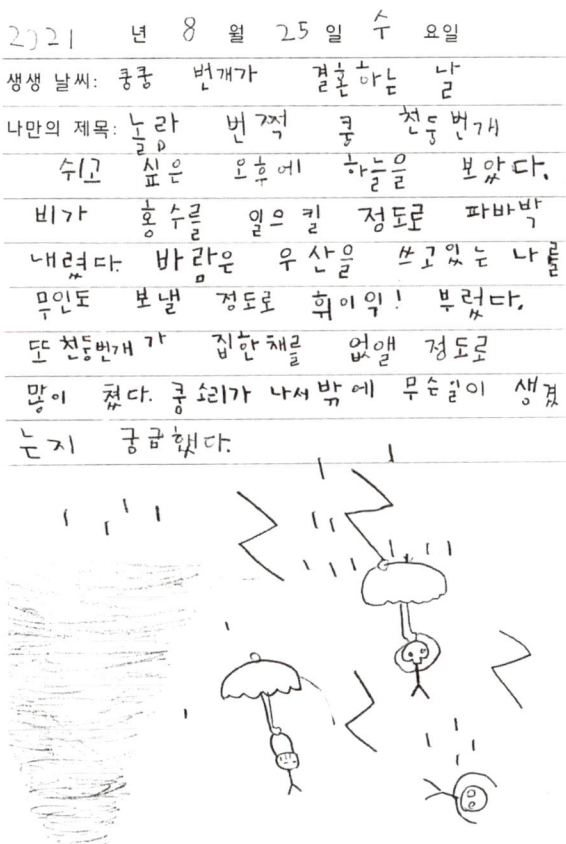

♪ 비가 내리는 소리 흉내말은 뭐가 있을까요?

일기 주제 가을 날씨　　　　　　　　　　　배지원

2020년 11월 5일 목요일
생생 날씨: 가을 바람이 춤추는 날
나만의 제목: 춤추는 가을 세상

달님이 헐레벌떡 출근 준비
할 때쯤 하늘을 보았다.
해님은 꼭꼭 숨었고
바람은 휘휘 호호 달리기를
했다. 낙엽을 보니 빙그르르
발레리나 같았다.
행복하고 신기한 날씨였다.
그래서 내가 지어본 날씨의
별명은 <신기한 휘휘호호
가을 세상> 이다.

♪ 우리집에는 어떤 날씨 손님이 왔나요?

일기 주제 겨울 날씨1   강승규

2020년 12월 19일 토요일
생생 날씨: 바람이 으랏차차
나만의 제목: 뺨뺨 바람

바나나 같은 달이 떴을때 창문을 열어보았다. 왜냐하면 날씨를 관찰하기 위해서이다. 오늘의 날씨는 으랏차차 바람이 내 뺨을 철썩 때렸다.

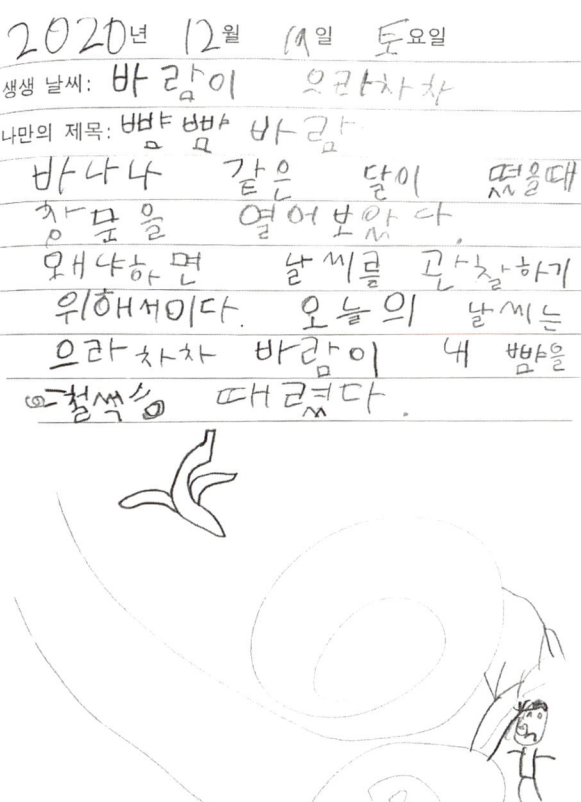

♪ 오늘은 어떤 바람이 불었나요?

일기 주제 겨울 날씨2 정은아

2021 년 2 월 25 일 목 요일
생생 날씨: 해님이 숨바꼭질 하는 날
나만의 제목: 해님아! 어디갔니?

구름도 해님도 쉬고있는 오후에 하늘을 보았다. 그런데 하늘이 외로워 보이기도 하고 슬퍼 보이기도 했다. 왜냐하면 활짝 웃는 해님도 없고 푹신푹신 솜사탕 구름도 없었기 때문이다. 하늘 몰래 둘이서 숨바꼭질하러 갔나보다. 그래서 내가 지은 오늘 날씨의 별명은 〈해님아! 어디갔니?〉이다.

♪ 오늘은 어떤 구름이 하늘에 보이나요?

2
음식 일기

 음식 일기 쓰기 비법

1. 먹으면서 일기 쓰기를 해 보세요. 입안으로 들어갈 때 어떤 소리가 나는지도 들어보고 순간순간 느껴지는 맛도 느껴보면서 일기를 써보면 훨씬 맛있는 음식 일기를 쓸 수 있답니다.

2. 먹으면서 일기를 쓸 수 없다면 먹고 나서 바로 써보세요. 그 맛을 잊기 전에 그 소리를 잊기 전에 얼른 노트를 펴고 일기를 써보는 겁니다. 우리는 시간이 지나면 금세 잊어버리기 일쑤니까요.

3. 먹고 나서 써야 하는데 느낌을 더 자세히 기억해 내고 싶다면 먹을 때 녹화하거나 녹음을 해 보세요. 유튜버가 된 것처럼 영상을 찍어보면 더 재미나게 음식을 먹을 수도 있고 일기를 쓸 때 많은 도움이 된답니다. 실제로 여러 가지 음식에 도전하게 되고 음식의 숨은 맛도 찾을 수 있답니다.

4. 음식을 먹고 그냥 '맛있다'라고만 표현하지 말고 다양한 느낌으로 표현해 보세요. 달콤했는지, 새콤했는지, 매콤했는지, 짭짤했는지, 상큼했는지, 담백했는지 등… 맛을 자세히 표현해 보세요. 또 어떤 느낌의 맛인지도 생각해 보세요. 모든 음식은 우리에게 느낌을 준답니다. 그 음식을 먹고 행복하다면 '행복맛', 그 음식을 먹고 웃음이 나온다면 '웃음맛'인 거죠. 그 느낌을 놓치지 마세요!

생각 정리 리스트

- 음식의 모양이 어떠니?
- 입안에 들어가면 어떤 소리가 나니?
- 어떤 느낌의 맛이니?
- 음식이 나를 어떻게 해주었니?
- 음식의 냄새는 어떠니?
- 무슨 맛이니?
- 입안에서 음식들이 무얼하고 있니?
- 음식을 별명을 지어본다면?

생각 정리 브레인스토밍

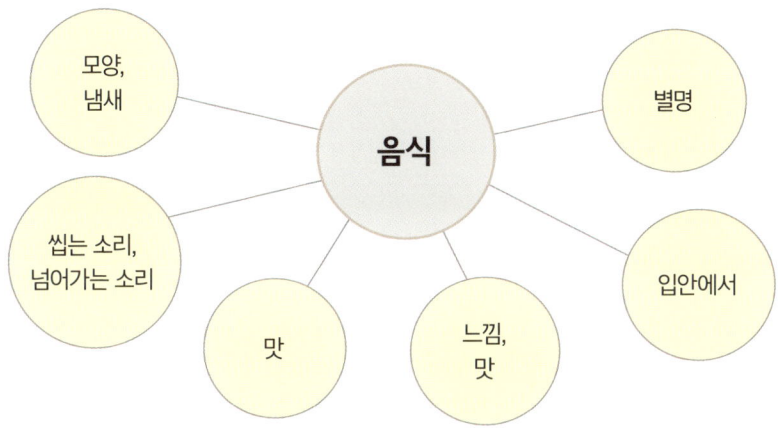

🍇 생각 정리는 모두 다 할 필요는 없습니다. 몇 가지 음식을 선택해서 해 보세요. 음식마다 모양이 특징적인 음식도 있고, 씹는 소리가 재미있는 음식도 있으니 음식의 두드러진 특징에 따라서 생각 정리를 해 보세요.

일기 주제 카레 강다온

7월 20일 화 요일
생생날씨: 물을 넣으면 삶은 달걀이 되는 날
나만의제목: 카레가 야채를 삼켰다

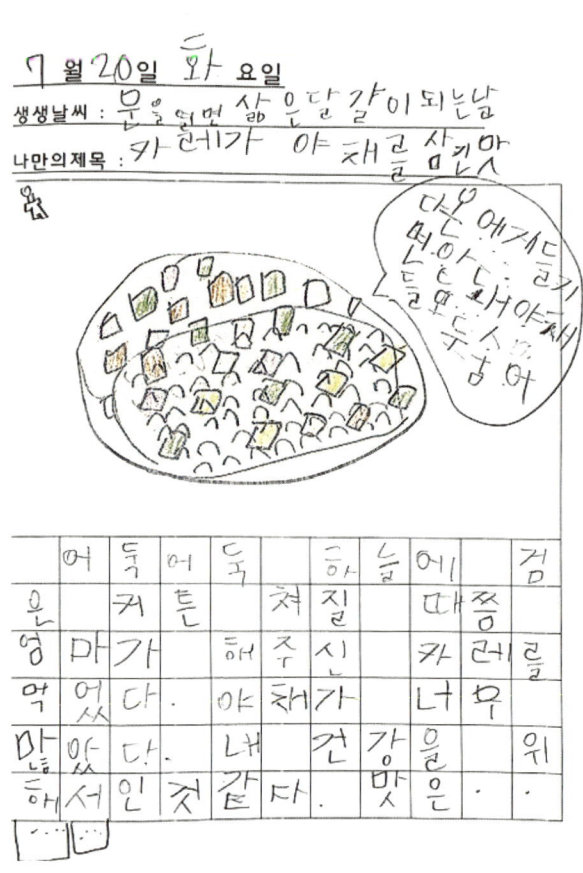

다은 애기들기 먹어야 크고 튼튼해져야채 두수분 삶아

	어	둑	어	둑		하	늘	에		검
은		커	튼		처	질			때	쯤
엉	마	가		해	주	신		카	레	를
먹	었	다.		야	채	가		너	무	
맛	있	다.		내		건	강			위
해	서	인	것	같	다.			맛	은	.

♪ 내가 싫어하는 야채의 맛을 표현해 본다면?.

일기 주제 과자-하양송이   강승규

2024년 9월 24일 금요일
생생 날씨: 가을이 오는데 여름한테 안걸린날
나만의 제목: 송이송이 달달 송송이

달님이 후다다닥 출근 할 때쯤 간식으로 하양송이를 먹었다. 하양송이가 송이송이 하면서 입 속으로 들어갔다. 그러더니 송이 춤을 추었다. 입안이 송이송이 노래방이 된것 같았다. 그래서 콧구멍이 벌렁벌렁 웃고 배꼽도 벌렁벌렁 웃었다. 내가 지어본 과자의 별명은 '송이송이 달달 송송이' 이다.

♪ 오늘 내가 먹은 음식은 무슨 춤을 추었나요?

일기 주제 육포   우수연

2020년 7월 28일 화 요일
생생 날씨: 나무들이 말끔말끔 세수한 날
나만의 제목: 개껌 같은 육포

상쾌한 아침에 개껌같이 생긴 간식을 먹었다. 냄새는 불고기 냄새였는데 맛도 불고기맛 이었다.
질겅질겅 짭짤 먹어보니 신 맛이 났고, 음짜음짜 먹어보니 나도 모르게 엄지척을 하게 하는 맛이었다.
입 안에서 내 치아들을 운동 시키는 느낌이었다. 그래서 내가 지어본 이 간식의 별명은 '질겅질겅 헬스트레이너' 이다.

♪ 오늘 내가 먹은 음식을 직업으로 표현해 보세요.

일기 주제: 닭봉   박세현

2021년 3월 23일 화요일
생생 날씨: 바람이 레이싱하는 날
나만의 제목: 부자봉

해님이 점심시간이라고 소리칠 때쯤 학교 급식실에서 점심을 먹었다. 고소한 잡곡밥이랑 매운탕이랑 사과랑 오징어실채랑 닭봉이 나왔다. 그중에서도 쫄깃통통 닭봉이 내 마음을 사로잡았다. 한 입 먹으니 달달달콤했고 또 한 입 먹으니 깔깔했이 났다. 입 안에서 닭봉들이 생일파티를 하는 것 같았다. 그래서 오늘 닭봉의 별명은 〈부자봉〉이다.

♪ 오늘 급식 반찬은 어떤 느낌의 맛이었나요?

일기 주제 수박   강승규

2021년 6월 20일 일요일

생생 날씨: 해님이 너어어무 신나서 날뛰는 날

나만의 제목: 달콤냉동 건전지

해님이 아침밥 먹고 똥 싸는 아침에 나는 수박을 먹었다. 사각사각 수박수박 입 안에서 수박들이 댄스파티를 시작했다. 더운 여름을 견디게 해주는 에너지맛 이었다. 그래서 내가 지은 수박의 별명은 '냉동 건전지' 이다.

와! 시원하다!

♪ **여름에 나를 시원하게 해주는 음식 3가지**

일기 주제 떡　　　　　　　　　　　　　배지원

2021년 10월 14일 목요일
생생 날씨: 바람이 술술 신바람 난 날
나만의 제목: 무지개 꽃이 피었습니다

바람이 동네방네 가을 왔다고 소문 낼 때쯤 점심으로 떡을 먹었다. 비누크기인데 레몬색, 복숭아색, 눈사람색, 풀잎색, 밤색 줄무늬 옷을 입은 무지개 떡이였다. 한 입 꾹 물었더니 으쩌으쩌 드덕떡 오무락 조무락 눈이 반짝반짝 환상적인 맛이었다. 그리고 달리기가 빨라지는 신비한 능력과 춤이 자동으로 나오는 능력이 생길 것만 같았다.
내가 지어본 별명은 〈환상의 오무조무 슬라임〉이다.

♪ 내가 좋아하는 음식의 특별한 능력은?

일기 주제 복숭아   장예준

2020년 8월 25일 수요일
생생 날씨: 매미들이 파티하는 날
나만의 제목: 꽈당 새콤 달달이

뜨끈한 해님이 슬금슬금 퇴근할 때쯤 간식으로 서걱서걱 복숭아를 먹었다. 달콤하고 새콤했다. 또 웃음이 가득 차는 깔깔 맛이었다. 입 안에서 샤르르 차르르 팡팡 달콤새콤 폭죽놀이를 하는 것 같았다. 그래서 내가 지어본 과일의 별명은 '꽈당 새콤 달달이'이다.

♪ 오늘 먹은 음식은 내 입안에서 어떤 놀이를 했나요?

일기 주제 오리고기   김주아

2021년 11월 10일 수요일

생생 날씨: 가을인데 겨울인가? 아리송송

나만의 제목: 역시 급식

오늘 학교 급식으로 오리고기 나왔다.
그래서 젓가락이 춤을 추는듯 덩실거렸다.
왜냐면 내가 제일 먹고싶고 기다리던 반찬
이었기 때문이다. 그래서
나는 누구보다 열정적으로 팍팍 퍽퍽
쌱쌱 밥을 먹었다.
다 먹고 나니 행복맛 요리를 만들어 주신 조리사
선생님도 행복하셨으면 좋겠다.
라는 생각이 들었다.

♪ 행복맛 음식을 만들어 주신 분께 하고 싶은 말

일기 주제 떡볶이와 순대 전지환

2020년 8월 5일 수요일
생생 날씨: 우산이 빙글빙글 춤을 추는날
나만의 제목: 으쨔으쨔 느낌 마술사

정신없이 내리던 비가 중진할때쯤
나는 순대와 떡볶이를 먹었다.
짭짭 떡볶이를 입에 넣으니
매운 맛과 달콤한 맛이 뛰어놀기 시작했고
으쨔으쨔 순대를 입에 넣으니
담백함이 입안에서 팍! 터졌다.
떡볶이는 나에게 기쁨이 되었고
순대는 나에게 유쾌함이 되었다.
그래서 내가 지어본 떡순이의 별명은
으쨔으쨔 느낌 마술사 이다.
떡볶이와 순대는 정말로
내 입을 춤추게 했다

♪ 오늘 먹은 음식이 나를 어떻게 해주었는지 표현해 보세요.

3
관찰 일기
사물, 인물, 동물

 사물 관찰 일기 쓰기 비법

1. 내 주변에는 수많은 물건들이 있어요. 하나하나씩 들여다보면 각자의 특징이 있고, 자세히 들여다보면 살아있는 것 같기도 해요. 주변을 그냥 지나치지 마세요. 뭐든 자세히 보면 재미난 일기의 주인공이 된답니다.

2. 내가 가지고 있는 물건이나 나와 가까이에 있는 사물부터 관찰을 시작해 보세요. 먼저 그 사물의 모양을 관찰하고, 냄새나 색깔, 특징과 쓰임새를 관찰하세요. 그리고 우리에게 어떤 도움을 주는지, 나에게 무엇을 주는지도 관찰해 보세요.

3. 그 사물이 살아있다면 어떨까? 상상해 보세요. 예를 들어 집에 있는 선풍기가 무얼 할지 상상해 볼까요? '여름에는 열심히 일하고 있지만 겨울에는 휴가를 보내고 있지 않을까?' 또, '자고 있을까? 날 기다리고 있을까? 힘들어 할까? 재미있어 할까?' 등 사람이라면 어떨지 상상해 보는 겁니다.

4. '그 사물이 없으면 어떨까?' 하고 상상해 보는 것도 잊지 마세요. 없음으로 인해 어떤 일이 벌어질지 상상해 보는 것만으로도 풍부한 일기의 재료가 된답니다.

5. 사물의 별명을 지어보세요. 별명을 만들어서 누군가가 맞히도록 스무고개를 해보아도 재미나답니다.

 생각 정리 리스트

- 모양이 어떠니?
- 어떤 색깔이니?
- 나에게 어떤 존재이니?
- 사람이라면 무얼 하고 있을까?
- 별명을 지어 본다면?
- 냄새는 어떠니?
- 어떤 성질, 특징이 있니?
- 어떤 쓰임새가 있니?
- 우리에게 어떤 도움을 주니?
- 만약 없다면 어떨까?

 생각 정리 브레인스토밍

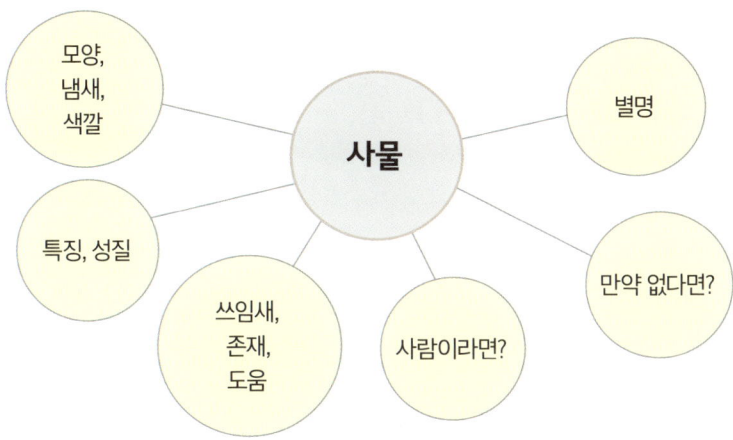

🍇 생각 정리는 모두 다 할 필요는 없습니다. 사물의 특징에 따라서 생각 정리를 해 보세요.

일기 주제 선풍기   우수연

2020년 6월 25일 목요일
생생 날씨: 하늘이 샤랄라 요술 부리는 날
나만의 제목: 토끼 풍기

내방 구석에는 여름에만 나타나는 녀석이 있다. 그 녀석은 보름 달처럼 생겼는데 보름달 안에는 토끼들이 떡방아를 찧고 있다. 토끼들이 열심히 떡방아를 찧으면 그렇게 시원할수가 없다.
나는 에어컨 보다도 부채 보다도 이녀석이 좋다. 하지만 두둥! 잘못하다가는 감기를 얻을 수 있다. 이녀석은 바로 바로~♪ 더운날 무지무지 더운날 나에게 평화를 주는 선풍기이다. 그래서 내가 지어본 선풍기의 별명은 '토끼 풍기'~♪이다.

♪ 지금 보이는 물건의 별명을 지어 보세요.(예: 의자 → 엉덩이 받침대)

일기 주제 세탁기　　　　　　　　　　　　　강승규

2021년 6월 21일 월요일
생생 날씨: 에어컨이 힘든날
나만의 제목: 빨래 돼지

　우리집 베란다에는 뚱보 돼지가 있다. 이 돼지의 특징은 더러운 옷을 좋아한다는 것이다. 만약 이 돼지가 없다면? 아빠는 근육통에 시달릴 것이다. 왜냐하면 그 돼지는 세탁기이고 아빠가 빨래 담당이기 때문이다.

♪ 우리집 베란다에는 누가 있나요? 별명을 써보세요.

일기 주제 꽃

김수연

생 날씨: 바람이 랄랄라 신이 난 날
만의 제목: 〈꽃 피는 양파〉

우리 집 베란다에는 네게의 꽃이 해님을 향해 방실방실 웃으며 꽃봉에게 반사욕을 하고 있다.
생긴 건 껍질 까기 전의 양파 같다. 양파 같이 생겼지만 예쁜 꽃이 피어 있다. 핑크색, 하얀색, 연보라색, 남보라색, 색깔도 다양하다. 엄마께 여쭈어 보니 꽃의 이름은 히야신스 라고 하셨다. 내가 지은 꽃의 별명은 〈꽃 피는 양파〉이다.

♪ 내가 좋아하는 꽃의 이름은? 그리고 그 이유는?

일기 주제 자전거   이서준

2021년 5월 12일 수요일
생생 날씨: 봄이 여름 뒤집어 쓰고 있는 날
나만의 제목: 요즘 나의 비밀친구

아침부터 저녁까지 나와 함께 힘껏 달린친구가 있다.
그 친구는 요즘 나와 가장 친한 친구다.
내 친구는 엄청 빠르다. 이 친구와 함께 달리면
스트레스가 싹 날아가고 상쾌함이 파도처럼 밀려오며
가슴 속에 시원함이 가득 찬다.
이 친구는 아무리 달려도 지치지 않지만 내 다리는
후들거린다. 그래도 난 이 친구가 좋다. 난 내일도 이 친구와
달릴 것이다. 모래도 달릴 것이고 글피도 달릴 것이며
다음 주도 달릴 것이고 다음달도 달릴 것이다.
왜냐?! 나의 요즘 최고의 친구이니까!
나의 이 비밀친구는 자전거이다.

♪ 자전거 스무고개 만들어보기

인물 관찰 일기 쓰기 비법

1. 이 세상은 나 혼자 살아가지 않아요. 나는 많은 사람들과 함께 살아가고 있지요. 우리 집에 누구와 함께 살고 있나요? 내가 다니는 학교에는 어떤 친구들이 있나요? 학원에 있는 친구들과 선생님, 친척과 우리 동네에 사는 이웃을 관찰해 보세요. 하루에 한 명씩!! 그럼 나는 그 사람과 더 친해져 있을 거예요. 관찰은 그 사람을 더 자세히 보고 알아보는 거니까요.

2. 먼저 그 사람의 생김새를 관찰해 보세요. '키가 큰지, 배가 나왔는지, 파마 머리인지, 얼굴이 길쭉한지, 안경을 썼는지' 등 그 사람을 다른 누군가에게 소개한다는 느낌으로 표현해 보세요. 닮은 동물이나 닮은 캐릭터를 떠올려서 표현하면 더 쉽게 다른 사람에게 설명할 수 있답니다.

3. 자 이제 그 사람의 장점이나 특별한 능력을 생각해 봅니다. 없다고 생각하지 마세요. 모든 사람은 특별한 능력 하나씩을 다 가지고 태어나거든요. 예를 들어 '나를 웃게 해주는 하하하 능력', '내가 힘들 때 나타나는 나타나 능력', '나랑 마음이 통하는 통하리 능력'이 있을지도 모르잖아요?

4. 이 사람이 나에게 어떤 존재인지 생각해 보세요. 또는 어떤 존재가 되었으면 하는지 생각해 보아도 좋습니다.

5. 이 사람의 생김새와 장점과 특징을 조합하여 별명을 지어보세요. 별명은 너무 길지 않되 그 사람의 기분을 배려하며 지어보세요.

 ## 생각 정리 리스트

- 생김새는 어떠니?
- 그 사람의 장점은?
- 나에게 어떤 존재이니?
- 별명을 지어 본다면?
- 무엇을 닮았니?
- 그 사람의 특징은?
- 어떤 존재가 되었으면 좋겠니?

 ## 생각 정리 브레인스토밍

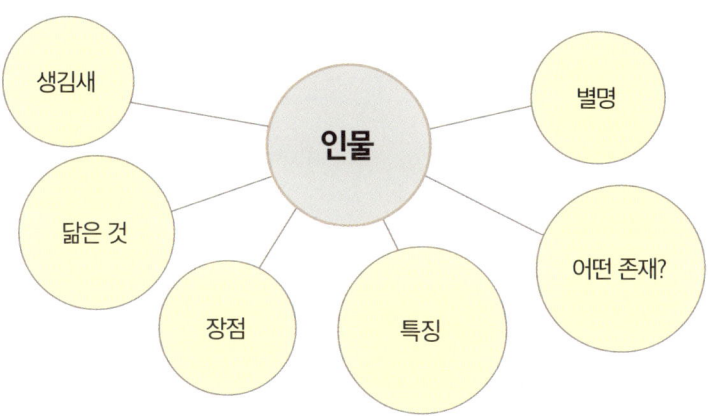

🍇 인물을 모르는 사람에게 소개한다는 마음으로 관찰하면 훨씬 더 자세한 특징을 찾을 수 있으니 소개에 맞게 생각을 정리해 보세요.

일기 주제 나 관찰 최서은

2021년 12월 21일 화요일
생생 날씨: 겨울 바람이 손과 발을 냉동창고에 얼린 날
나만의 제목: "나는야 방글왕"

　나는 '그림왕'이다. 내 그림에는 귀여움이 들어있다.
　나는 '돌보기 왕'이다. 동생이 날 화나게 할 때도 있지만, 둘이 있으면 재미가 넘친다.
　나는 '작가왕'이다. 내가 이야기를 쓰면 동생 얼굴에 웃음 꽃이 핀다.
　나는 매일 매일 방글방글 웃음이 넘치는 최! 서! 은! 이다.

♪ 나는 어떤 왕인가요?

일기 주제 엄마   오은채

2022년 2월 5일 금요일
생생 날씨: 눈이 안오고 더 놀고싶어 바라는 날
나만의 제목: 엄마는 정원사

우리 엄마는 꽃사슴을 닮았다. 얼굴중에서 입이 예쁘다. 우리엄마는 설명을 박사님 처럼 잘한다. 그래서 우리집 선생님이다.
또 우리 엄마는 황당하게 웃겨주기를 잘한다. 그래서 우리집 웃음 방향제 이다.
마지막으로 우리엄마의 가장큰 특징은 꾀꼬리 같은 목소리로 응원해주고 나를 격려 해 준다는 것이다. 앞으론 엄마에게 최선을 다하는 은채, 믿음을 주는 은채, 희망을 주는 은채가 되고싶다.
" 엄마 아프지 마세요 "

♪ 엄마한테 제일 하고 싶은 말은?

일기 주제 엄마 관찰   김주아

2022년 1월 21일 금요일
생생 날씨: 해님이 감기 걸려 부르르 떠는 날
나만의 제목: 변신 사랑 요정

바람이 슈슈슉 열심히 일하는 저녁에 엄마를 관찰해 보았다. 우리 엄마는 모든게 다 진짜 예쁘다. 그런데 비밀이 하나 있다. 가끔 변신을 한다. 화가 났을땐은 갸르릉! 화가난 고양이가 된다. 기분이 좋을 때는 깽깽깽 귀여운 토끼가 된다. 슬플때는 엉엉 훌쩍 팬더가 된다. 그래도 난 세상에서 우리 엄마가 최고 멋지고 좋다. 그래서 우리 엄마 별명은 "변신 사랑 요정"이다.

♪ 우리 엄마의 비밀은?

일기 주제 할머니   곽나율

2021년 12월 25일 토요일
생생 날씨: 코에서 쭉쭉 고드름 나오는 날
나만의 제목: 백합순 할머니와 손구슬 할머니

나는 할머니가 2명이다. 아빠의 엄마는 최월순 할머니이고 머리카락이 뽀글뽀글 백합처럼 하얗고 예쁘다.
엄마의 엄마는 손임경 할머니이고, 미소가 은구슬처럼 예쁘다.
나는 할머니를 생각하면 걱정이 뿅하고 사라지는 기분이다.
손구슬할머니는 나의 아기의 아기에게 노래를 가르쳐 주고, 백합순 할머니는 나의 아기의 아기에게 밭일을 가르쳐 줄때까지 사시면 좋겠다. 나는 더 오래 살것이다! 으하하하!

♪ 할머니와 함께했던 특별한 기억은?

 **일기 주제** 친구1 　　　　　　　　　　　정한슬

9월 19일 흐 요일
생생날씨 : 잉동스쿠체올로 가을 택배 보내러 왔습니다.

나만의제목 : 내친구 임리림

	내		친	구		중	에	'	임	라	임 '
이	라	는		아	이	가		있	다	.	라
임	이	는		귀	여	운		고	양	이	나
강	아	지	를		닮	았	다	.	그	리	고
남	을		잘		웃	게		해	주	는	
특	별	한		능	력	이		있	다	. 그	래
서	<	깔	깔		대	왕	>	이	다	.	

♪ 내 친구는 어떤 동물을 닮았나요?

일기 주제 친구2 채정민

2021년 4월 16일 금요일
생생 날씨: 봄비가 똑똑 노크하는 날
나만의 제목: 해맑푸우

　내 친구중에 박준현이라는 친구가 있다. 키는 나보다 작지만 몸은 나보다 크고 꿀을 좋아하는 곰돌이 푸우를 닮았다. 준현이는 특별한 능력이 하나 있는데 약속시간에 늦고도 없이 해맑다는 것이다. 그래서 화를 낼 수가 없다. 그리고 사람들을 웃게 하는 장점이 있다. 앞으로 준현이가 시간을 금처럼 여기는 멋진 친구가 되었으면 좋겠다.
내가 지은 준현이의 별명은 〈해맑푸우〉이다.

♪ 내 친구의 특별한 능력은?

# 동물 관찰 일기 쓰기 비법

1. 동물 관찰 일기를 쓸 때는 수수께끼를 낸다는 생각으로 관찰해 보세요.

2. 먼저 동물의 생김새를 자세히 관찰해 보세요. 다리가 몇 개고 날개가 있는지 없는지, 무엇을 닮았는지도 생각해 보세요.

3. 이 동물의 특징을 살려서 설명해 보세요. 특별한 능력이 있다면 더 설명하기가 쉽겠죠?

4. 이 동물은 나에게 어떤 존재인지 나에게 무엇을 주는지 생각해 보세요. 동물들은 우리에게 보이지 않는 것을 많이 준답니다. 예를 들면 '즐거움, 포근함, 흐뭇함, 떨림, 무서움' 등 떠올려 보면 많은 것들이 있을 거예요.

5. 이 동물의 별명을 지어보세요. 별명을 말해주고 동물의 이름을 맞히는 게임을 해도 재미납니다.

 ## 생각 정리 리스트

- 생김새는 어떠니?
- 특징이나 특별한 능력은?
- 별명을 지어 본다면?
- 무엇을 닮았니?
- 나에게 어떤 존재이니?

 ## 생각 정리 브레인스토밍

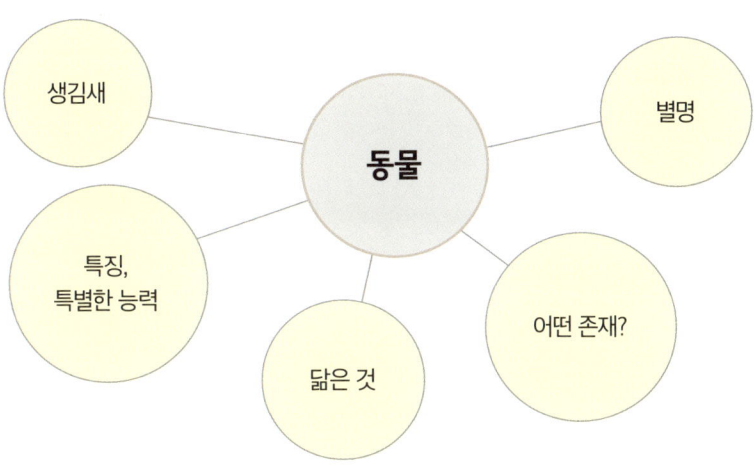

🍇 동물 이름 맞히기 퀴즈를 낸다고 생각하고 생각을 정리해 보세요.

일기 주제: 코끼리 배지원

2021 년 3 월 23일 화 요일
생생 날씨: 미세먼지가 해님을 괴롭히는날
나만의 제목: 왕꿈틀이 소방관

내가 제일 좋아하는 동물이 있는데
그 동물은 코가 귀엽고 예쁘다.
코를 자세히 보면 돼지코 같은데
멀리서 보면 왕꿈틀이 지렁이 같다.
내가 이 동물 좋아하는 이유는
보고 있으면 행복이 뿜뿜 느껴지고
코에서 물이 나올때는 샤워기
처럼 신기하기 때문이다.
이 동물은 바로 과자를 주면 코로
받아 먹고 불나면 달려와 불을
꺼주는 코끼리이다.

♪ 동물원에서 본 동물 중에 가장 기억에 남는 동물의 별명을 지어 본다면?

| 일기 주제 | 양 | 강승규 |

2021년 10월 23일 토요일
생생 날씨: 구름이 철썩 파도 같은날
나만의 제목: 아우 졸려.

 내가 5살때 본 동물이 있는데 이 동물은 하얗고 볶음머리를 했다. 그리고 잠을 잘 자게 해주는 지루하고도 특별한 능력이 있다. 내가 생각한 이 동물의 별명은 〈졸린 솜사탕〉이다. 이 동물을 생각하면 머릿속에 들어있는 엉망엉망 생각들이 사라진다. 이 동물의 이름은 무엇일까요? 정답은 바로바로 "양" 이다.

♪ 동물 이름 수수께기를 만들어 보세요.

일기 주제 거북이   전지환

2020년 6월 23일 수요일
생생 날씨: 바람이 쉬~잇 양산이 살짝

나만의 제목: 오래오래 삽시다

우리 집에는 내 동생보다 오래 산 동물이 있다. 얼굴은 실범을 닮았고 발은 오리발을 닮았고 꼬리는 올챙이 같다. 모두들 느린 동물로 알고있는데 밥을 먹을 때 만큼은 토끼 처럼 빠르다. 이 동물은 바로 반수생거북이다! 내가 7살때 아빠가 거북이 2마리를 데려오셨다. 그 때는 내 팔이 만했는데 지금은 아빠 손바닥 만큼 컸다. 이름은 큰애가 북기, 작은애가 욱기 이다. 북기,욱기의 특별한 능력이 하나 있는데 그것은 바로 TV를 본다는 것이다. TV를 켜두면 내동생과 같이 TV에서 눈을 떼지 않는다. 북기, 욱기가 있어서 좋은 점은 보고 있으면 마음이 편안해 진다는 것이다. 북기,욱기는 70살 까지 산다는데 오래오래 건강하게 우리 가족과 함께 살기를 소망 한다...

♪ 내가 제일 키워보고 싶은 동물은? 그 이유는?

4
호기심 해결 일기

호기심 해결 일기 쓰기 비법

1. 하루를 보내면서 내가 보고 듣고 느끼면서 혹시 궁금한 점이 없었나 생각해 보세요.

2. 그리고 그 궁금한 점에 대해 생각해 보는 겁니다. '왜 그렇지? 왜 그랬을까? 무엇 때문에 그럴까? 이유는 무엇일까?' 추측을 해보아도 좋습니다.

3. 아무리 생각을 해도 모르겠다면 관련된 책을 찾아보세요. 책 속에는 나의 호기심을 해결해줄 열쇠가 들어 있거든요. 지식을 알려주는 책도 좋지만, 이야기책 속에도 우리의 호기심을 해결해주는 내용이 많이 있답니다.

4. 그래도 모르겠다면 주변에 친구, 형제, 자매, 엄마, 아빠, 할머니, 할아버지께 도움을 요청해 보세요. 혼자서 호기심을 해결하는 것보다 훨씬 더 재미난 일이 일어날지도 모르거든요.

5. 호기심 해결을 해서 기분이 어떤가요? 생각의 변화나 다짐으로 마무리를 해 보세요.

 ## 생각 정리 리스트

- 무엇이 궁금하니?
- 이유는 무엇일까?
- 책을 읽어보니 이유가 무엇이니?
- 왜 그럴까?
- 곰곰이 생각해보니 어떠니?
- 호기심을 해결하니 어떠니?

 ## 생각 정리 브레인스토밍

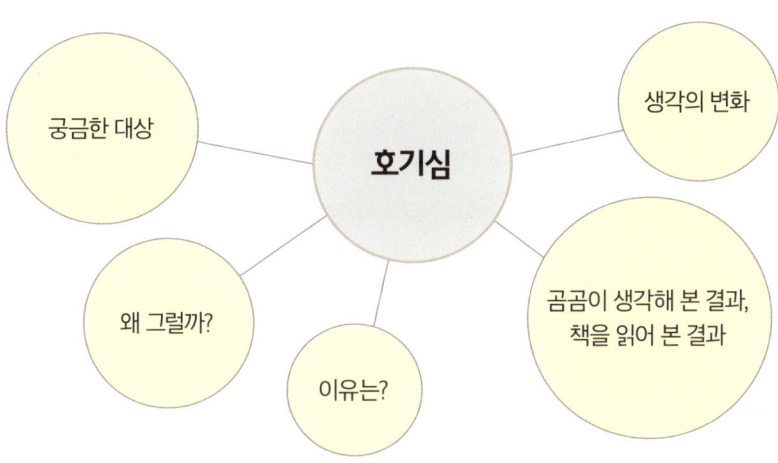

🍇 호기심을 쉽게 해결하려면 책의 힘이나 주변의 도움을 빌려보세요!

| 일기 주제 | 꼬르륵 소리가 나는 이유 | 박세현 |

2021년 6월 8일 화요일
생생 날씨: 땀이 삐질삐질 해님이 삐짐삐짐
나만의 제목: 비틀어춤신

해님이 뿅뿅 방귀춤 출 때쯤 배가 고플 때 왜 "꼬르륵 꼬르륵" 소리가 나는지 궁금했다. 꼬르륵 소리가 나는 이유는 아마도 위에 음식이 없어서 위가 화를 내는 것이라고 생각했다. 그런데 책을 읽어보니 화를 내는 것이 아니라 위가 착각을 하는 것이었다. 위가 몇 시간 비어 있으면 가스가 생기는데 위는 음식인 줄 알고 비틀어짜기 운동을 시작하는 것이다. 그래서 지어본 위의 별명은 '비틀어춤신'이다.

♪ 우리가 잠을 자야만 하는 이유는 무엇일까요?

일기 주제 거짓말을 하는 이유   배지원

2021년 11월 27일 토요일
생생 날씨: 동물들이 겨울잠 자려고 준비하는날
나만의 제목: 거짓말을 이기는것은 용기

내 친구 중에 거짓말을 잘하는 친구가 있다. 그래서 내가 억울하고 속상하다. 왜 맨날 거짓말을 할까?
아마도 1. 혼날까 봐. 2. 잘못이 들통 날까봐. 3. 창피해서, 그리고 4. 거짓말을 덮기 위해서 이다.
거짓말은 할수로 점점더 커지고 사람들에게 화도 주고 실망도 준다. 거짓말을 안하려면 꼭 필요한 것이 있다. 그건 바로 솔직히 말할수 있는 용기와 잘못을 인정하는 자세이다.
내 친구에게 용기를 가득담아 편지를 써줘야겠다.

♪ 내가 해본 착한 거짓말은?

일기 주제 방귀를 뀌는 이유　　　　　　　　　　　우수연

2020년 11월 13일 금요일
생생 날씨: 가을이 가고 겨울이 오는 것 같은 날
나만의 제목: 방귀는 우리의 친구

저녁 간식으로 고구마를 먹고 방귀를 뀌었다. 소리가 요란했다. 그래서 방귀방귀 나가신다라는 책을 읽어 보았다.
내가 고구마를 먹고 자꾸만 방귀를 뀌는 이유는, 고구마나 보리 옥수수등은 소화가 느려서 방귀가 많이 만들어 지기 때문이었다. 그렇지만 방귀를 뀐다는 것은 우리몸이 건강하다는 신호 라는 것을 알게 되었다.
　　앞으로 누가 방귀를 크게 뀌면 건강하구나~ 하고 생각 할 것이다.

♪ 그럼 똥을 싸는 이유는?

일기 주제 매일 김치가 나오는 이유 유도경

2021 년 9 월 15 일 수 요일
생생 날씨: 구름이 솜사탕 같은 날
나만의 제목: 매일매일 건강을 주는 친구

 가을바람 술렁이는 저녁에
왜 매일 매일 급식 때
김치가 나올까? 하고 생각 해 보았다.
내 생각에는 맛있으니까 나오는 것 같다
그런데 책을 읽어보니 김치에는 좋은
것들이 정말로 많이 들어 있었다.
김치에는 첫 번째, 새콤 짱짱 유산균
두 번째 울끈불끈 비타민
세 번째 튼튼 단백질이 들어있었다.
앞으로는 김치를 먹고 더 튼튼해 질 것 이다

♪ 내가 제일 좋아하는 김치 요리는?

일기 주제 왜 이서현

2021년 12월 22일 수요일

생생 날씨: 바람이 고속도로 같은 날

나만의 제목: 호기심은 끝도없어

얼마 전에 6살 동생이랑 같이 놀았는데 동생이 계속 왜? 왜? 왜? 라고 질문을 했다. 그래서 나는 그 질문의 대답을 계속 하다가 도대체 왜이렇게 아이들은 궁금한게 많을까 하고 생각했다. 그래서 책을 읽어보니 무언가 알고 싶어 하는 것은 사람이 가진 특별한 본성이라고 한다. 그리고 사람들이 끊임없는 호기심 속에서 과학 기술이 발전되고 더 편리한 생활을 할 수 있는 것이다. 아무것도 궁금하지 않다면 아무것도 알수없다. 다음에 동생을 만나면 와를 꾸욱 누르고 친절하게 책을 읽어 주어야겠다.

♪ 내가 세상에서 제일 궁금한 것은?

5
요즘 내가 좋아하는 것과 싫어하는 것

 요즘 관심사 일기 쓰기 비법

1. 일기 쓸 글감이 없어서 고민이라면 요즘 나의 관심사를 생각해 보세요. 내가 요즘 관심있는 것들에 대해서라면 하고 싶은 말이 많아진답니다. 그 말들을 잘 정리해서 일기에 써보는 겁니다. 시간이 지난 후에 일기장을 본다면 '내가 이걸 좋아했었구나…' 하고 재미난 과거를 알 수도 있답니다.

2. 요즘 내가 가장 관심 있는 것은 무엇인가요? 요즘 내가 제일 좋아하는 놀이는? 요즘 내가 제일 좋아하는 음식은? 요즘 내가 가장 좋아하는 활동은? 그리고 반대로 내가 요즘 싫어하는 음식은? 요즘 내가 싫어하는 것은? 요즘 내가 싫어하는 장소는? 이렇게 한번 떠올려 보는 거예요.

3. 그다음은 내가 왜 좋아하는지, 싫어하는지, 관심이 왜 있는지 없는지 그 이유를 생각해보세요. 한 가지 말고 두세 가지 정도 생각해보세요.

4. 그리고 그것으로 인해 나의 기분이 어떻게 달라지는지, 내가 어떻게 변화하는지 써보세요.

5. 마지막으로 그것이 나에게 무엇을 느끼게 해주는지도 생각해보세요. '걱정을 뿅 사라지게 해준다'든지, '화가 나서 티라노사우루스로 변신을 하게 한다'든지, 이런 느낌도 좋답니다.

생각 정리 리스트

- 나의 요즘 관심사는?
- 내가 요즘 좋아하는 음식은?/싫어하는 음식은?
- 내가 요즘 좋아하는 장소는?/싫어하는 장소는?
- 내가 요즘 좋아하는 활동은?/싫어하는 활동은?
- 내가 좋아하는 날은?/싫어하는 날은?
- 그 이유는?
- 내 기분이 어떠니?
- 나를 어떻게 변화하게 하니?
- 나에게 무엇을 주니?

생각 정리 브레인스토밍

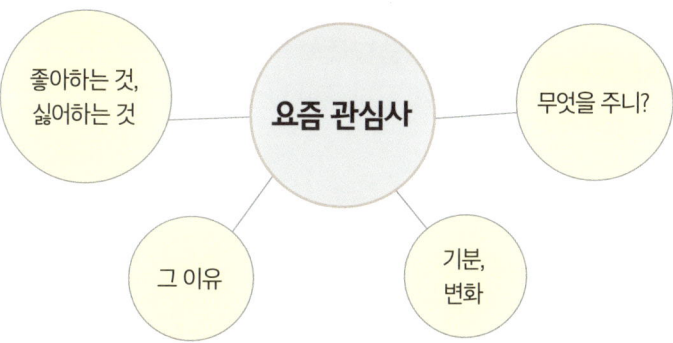

🍇 내가 무얼 좋아하고 싫어하는지 곰곰이 생각해 보세요. 그리고 그때의 기분을 그냥 '좋았다, 싫었다' 라고 표현하지 말고 조금은 자세히 표현해 보세요.

일기 주제 피아노 강승규

2021년 5월 31일 월요일
생생 날씨: 음표같은 구름이 떠다니는날
나만의 제목: 매일 나는 그곳으로 달린다.

태권도가 끝나고 가슴이 떨리게 뛰었다.
피아노학원에 1초만에 가기 위해서 이다.
피아노 건반에는 행복, 기쁨, 스트레스해소, 웃음이 묻어있다.
그래서 피아노를 치면 그것들이 내 손에 묻는다
그러면 내 기분은 스트레스, 슬픔, 지겨움, 짜증이
날아간다.

(스트레스 해소되는 곡: 플라워댄스, 넉맥송)

♪ 나의 스트레스를 날려주는 것은?

🐌 **일기 주제** 게임   박세현

2021년 6월 22일 화요일
생생 날씨: 해님이 불타오르는 용암같은날
나만의 제목: 기쁨폭탄

내가 요즘 좋아하는 것은 게임이다. 아마도 지나가는 초등학생 한테 물어보면 거의 게임이라고 할것이다. 왜냐하면 게임은 재미있고 나를 신나게 해준다. 또 스트레스를 샤샤샥 없애주기 때문이다. 며칠전 나는 기쁨폭탄을 맞아서 하트 백만개 정도가 머리 위에 빙빙 돌았다. 바로 게임을 하는데 할 때마다 모조리 이긴 것이다. 지금 생각해도 가슴이 벌렁벌렁 뛰고 웃음이 씨익 나온다.

♪ 나의 기쁨 폭탄은 무엇인가요?

일기 주제 내가 좋아하는 날과 싫어하는 날   문하린

20<u>24</u>년 <u>11</u>월 <u>3</u>일 <u>수</u>요일
생생 날씨: 구름은 변신쟁이 요술쟁이
나만의 제목: 행복이 퐁퐁퐁

낙엽이 춤추는 밤에 내가 좋아하는
날과 싫어하는 날이 언제 일까?
생각해 보았다.
먼저 나는 내 생일 날을 좋아한다.
왜냐하면 행복이 몽글몽글 생기는
것 같기 때문이다.
그 다음 나는 주사 맞는 날을
싫어한다.
왜냐하면 걱정이 산처럼 커지는
것 같은 기분이 들기 때문이다.

♪ 내가 싫어하는 날을 이겨내는 방법은?

일기 주제 내가 좋아하는 놀이 강다나

♪ 내가 제일 좋아하는 놀이 세 가지를 말해 봐요.

| 일기 주제 | 내가 좋아하는 동물 | 김시원 |

2021년 12월 여일 목요일
생생 날씨: 하늘은 어둑어둑한데 비는 안 오는 날
나만의 제목: 흐뭇한 친구

하늘에 어둑어둑 카펫이 깔릴 때쯤 내가 좋아하는 동물에 대해 생각해 보았다.
내가 좋아하는 동물은 도마뱀이다.
왜냐하면 우리가족이 곤충 박물관에 갔을 때 도마뱀을 보고 귀엽고 사랑스럽다고 생각했기 때문이다.
박물관에서 샌드피쉬라는 도마뱀을 만져봤는데, 따뜻한 코코아를 마셨을 때처럼 달콤한 흐믓함이 내 마음속으로 스며들었다.
앞으로 도마뱀에 대한 책도 많이 읽고, 얼아날 뒤 도마뱀을 키울 수 있으면 좋겠다.

♪ 내가 싫어하는 동물은? 그 이유는?

🐌 **일기 주제** 내가 좋아하는 것   송윤채

2021년 8월 13일 금요일
생생 날씨: 비가 해를 이겨낸 날
나만의 제목: 행복느낌 슬라임
나는 슬라임이 좋다.
만질때 톡톡터지는 소리가 좋다
걸쭉한 콧물처럼 늘어나는 슬라임이 좋다.
슬플때 슬라임을 만지면 내가
새처럼 날아갈듯한 행복한 기분이 좋다
행복느낌슬라임이 좋다.

♪ 나는 슬라임을 만질 때 어떤 느낌이 들었나요?

일기 주제 내가 좋아하는 것과 싫어하는 것   신동윤

2021년 11월 3일 수요일
생생 날씨: 가을햇살에 모두가 윙크하는 날
나만의 제목: 부글부글 월요일

가을 바람이 신나게 일하는 저녁에 내가 좋아하는 것과 싫어하는 것을 생각해 보았다.
먼저, 내가 좋아하는 것은 게임, 만화, 그리고 가족이다. 왜냐하면 나에게 선물 받을 때 처럼 기쁨을 팡팡 주기 때문이다.
그 다음 내가 싫어하는 것은 엄마잔소리, 월요일, 코로나이다. 내가 대통령이 된다면 꼭 월요일도 쉬는 날로 만들 것이다.

♪ 내가 좋아하는 요일은? 싫어하는 요일은? 그 이유는 무엇인가요?

주제 일기 쓰기 비법

1. 일기 쓸 글감이 없고, 오늘 하루도 어제와 똑같다면 주제 일기를 써봅시다.

2. 주제 일기란, 어떠한 주제를 정해서 나의 상상을 더해서 쓰는 일기예요.

3. 예를 들어 '만약에 학교가 없어진다면?' '내가 만약 초능력을 갖게 된다면?' '하늘을 나는 자동차가 있다면?' '이 세상에 나 혼자만 남겨진다면?' 등 자유롭게 상상할 수 있는 주제를 정해보는 거예요.

4. 그리고 그 주제에 따른 세 가지 상황을 머릿속에 그려보거나 세 가지 이유를 생각해 보는 겁니다. 세 가지를 떠올리면서 생각보다 더 많은 상상력이 발휘될 수 있답니다.

5. 마지막으로 어떤 상상을 하든지, 어떤 상황을 만들든지, 어떤 이유를 떠올리든지 자유롭게 상상하는 것이 중요합니다. 상상에는 정답이 없어요. 어떤 상상을 해도 빵점 맞을 일은 없으니 마음껏 상상을 해보세요.

 **생각 정리 리스트**

- 어떤 주제를 정했니?
- 상상해보니 기분이 어떠니?
- 주제에 따른 세 가지 상황을 상상해 본다면?
- 생각의 변화나 다짐은?

 **생각 정리 브레인스토밍**

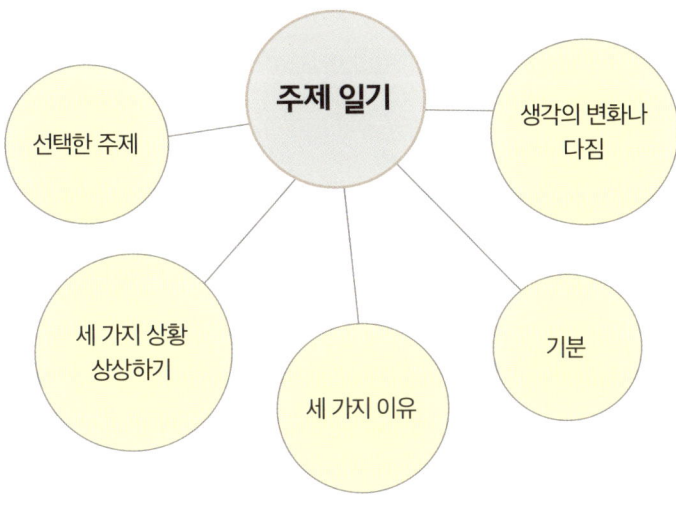

🍇 주제 일기 쓰기의 포인트는 내 마음대로 상상입니다.

일기 주제: 만약에 나에게 만 원이 있다면?

이수민

10월 8일 금요일
생생날씨: 빗방울이 가을을 불러온 날
나만의제목: 만원의 행복

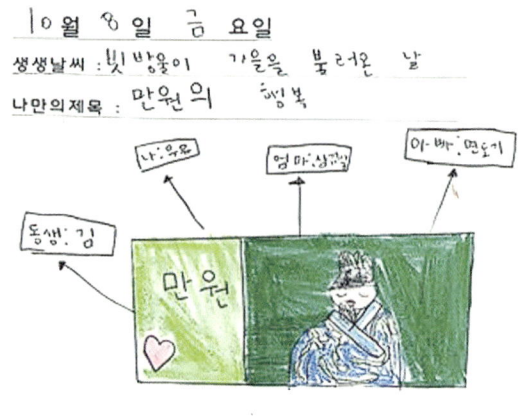

고소한 사랑맛 저녁을 먹고 '만원을' 들고 슈퍼에 간다면? 하고 상상해 보았다. 동생에게는 김을 아빠에게는 면도기, 엄마께는 삼겹살, 나에게는 우유를 사주고 싶다.

♪ 만원으로 10명을 행복하게 해줄 방법은?

일기 주제 만약에 내가 투명인간이라면?   장현진

2021 년 2 월 19 일 금 요일
생생 날씨: 구름이 해님을 괴롭힌 날
나만의 제목: 투명인간의 하루

구름이 낀 아침에 내가 만약 투명인간이 된다면? 하고 상상해 보았다.
먼저 친구들과 숨바꼭질할 때 진짜 좋을 것 같다.
그다음 친구들을 괴롭히는 아이의 꿀밤을 때려주고 싶을 거 같다.
마지막으로 아빠가 일하시는 회사에 가서 아빠를 관찰해 보고 싶다.
상상만 해도 내가 투명인간이 된 것 같아서 킥킥 웃음이 나온다.

♪ 내가 투명인간이 되어서 꼭 해보고 싶은 일은?

일기 주제 만약에 엘리베이터가 없다면?　　　　　　이서현

2020년 2월 3일 화요일
생생 날씨: 손이시려 호호 바람이 휘휘
나만의 제목: 고마움을 몰랐네........

만약에 엘레베이터가 없다면 어떨까?
생각을 해보았다. 먼저 답답한 마음이
내 마음에 돌처럼 눌러 앉은것 같다.
하지만 엘레베이터가 없으면 자동으로
다이어트가 되고, 운동도 자동으로 하게되니
내 몸도 튼튼해지고 건강해질 것이다.
그런데 너무 지치고 힘들때도 있을것 같다.
또 다리가 아픈 사람들에게는 무서 무서
공포일수도 있다. 예전에 14층인 우리집에
할머니가 오신적이 있었는데 할머니는 무릎이
아프셔서 엘레베이터가 없으면 큰일 날뻔
했다. 다리가 불편한 사람들을 생각해 보니
엘리베이터는 꼭 필요한 것 같다.

♪ 정전을 경험해 본 적이 있나요? 어땠나요?

일기 주제 내가 만약 고양이로 변신한다면?   이서현

2020년 7월 28일 화요일
날씨: 주룩주룩 내리는 비에 미끄럼틀 샤워하는 날
나만의 제목: 난 너만의 특수요원

만약 내가 동물로 변신한다면 고양이로 변신하고 싶다 왜냐하면
① 밤에도 잘볼수있고
② 맨날 놀고먹고 자는것 같아서 좋아보이기도 하고
③ 자유로워 보이기 때문이다
내가 고양이가 되어서 꼭 하고 싶은 것은 바로 고양이 친구들을 사귀어서 고양이들의 생각이나 고양이의 이야기를 들어보고 싶다. 또 혼자사는 외로운 사람들에게 친구가 되어서 용기를 선물해 주고 싶다.

♪ 내가 고양이가 된다면 무엇을 해보고 싶나요?

일기 주제 내가 만약 강아지로 변신한다면?   장예준

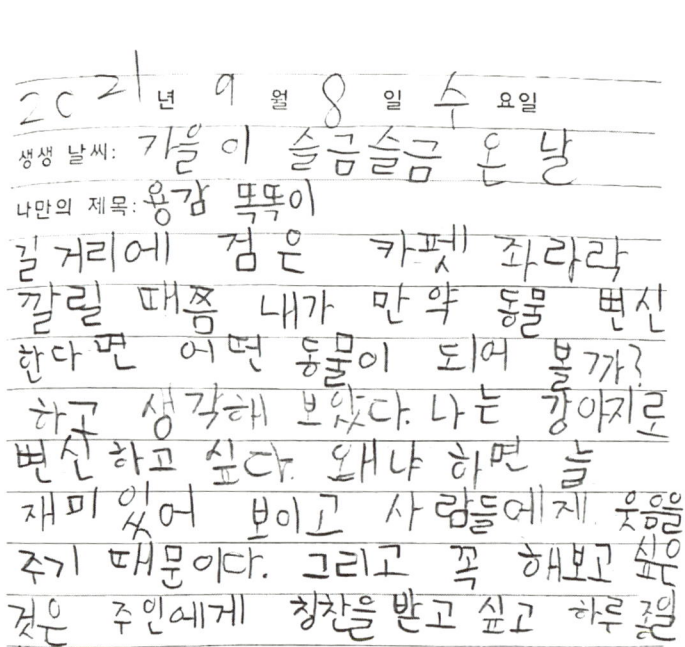

2021년 9월 8일 수요일
생생 날씨: 가을이 슬금슬금 온 날
나만의 제목: 용감 똑똑이

길거리에 검은 카펫 좌라라 깔릴 때쯤 내가 만약 동물 변신한다면 어떤 동물이 되어 볼까? 하고 생각해 보았다. 나는 강아지로 변신하고 싶다. 왜냐하면 늘 재미있어 보이고 사람들에게 웃음을 주기 때문이다. 그리고 꼭 해보고 싶은 것은 주인에게 칭찬을 받고 싶고 하루종일 놀고 싶다.

♪ 어떤 동물로 변신해보고 싶나요?

🐌 **일기 주제** 우리에게 필요한 마법의 약은?   한지우

2021년 10월 13일 수요일
생생 날씨: 하늘이 슬퍼서 울먹울먹 하는 날
나만의 제목: 솟·분·번약 (솟아라 힘약, 분신술약, 번개쭉쭉약)

가을 바람과 구름이 데이트 할 때쯤
〈캡숀마녀의 수리수리 약국〉을 읽었다.
그리고 '우리 가족에게 필요한 마법의 약은
무엇일까?' 하고 상상해 보았다.
아빠에게는 〈솟아라 힘약〉이 필요하다.
엄마에게는 〈분신술 약〉이 필요하다.
나에게는 〈번개쭉쭉약〉이 필요하다.
오늘의 제목은 세가지 약 이름의 앞 글자를
따서 솟분번약이다.

🎵 **우리 가족에게 필요한 마법약은?**

일기 주제: 만약 화장실에서 똥을 쌌는데 휴지가 없다면?   문시후

2021년 4월 13일 흐 요일

생생 날씨: 봄바람이 얼음바람 만나 싸운 날.

나만의 제목: 생각만해도 무서운 화장실 전쟁

학교 화장실에서 똥을 쌌는데 휴지가 없다면 친구랑 에버랜드에서 하루종일 신나게 놀았는데 친구가 진짜 재미없다,라고 말한것보다 황당할것 같다. 또 외롭고 우울할 것이다.ㅠㅠ 아마도 제일 먼저 누군가 들리도록 아~주 큰 목소리로 헬프미를 외칠것이다! 만약! 주머니에 휴대폰이 있다면 구사일생 이겠지만 그렇지않고 1시간째..... 개미 한 마리도 안보인다면 최후의 방법을 쓸 수밖에... 그것~ 바로! 양말을 훌렁~ 벗는다...0 그다음 설명을 하기싫다......

화장실 올 시엔: 휴지와 폰은 미리 미리 챙기자..

♪ 나는 화장실에 휴지가 없으면 어떻게 할까?

일기 주제 미래의 나의 아이 이름을 짓는다면?   이나현

2021년 4월 15일 목요일
생생 날씨: 오전엔 쌀쌀 오후엔 쨍쨍쨍쨍
나만의 제목: 내가 낳은 **세쌍둥이의 이름**

나는 29살에 결혼을 하고 32살에 세쌍둥이를 얻을 얻었다. 9개월 뒤 난 아이들을 낳고 이름을 만들어주었다. 세쌍둥이 모두 귀여운 딸이어서 예쁜 꽃의 의미가 담긴 이름을 지어주기로 하였다.
첫째는 웃는 모습이 이뻐서 '민아'이다.
'민들레처럼 밝게 빛나는 아이'라는 뜻이다.
둘째는 눈이 아름다워서 '진아'이다.
'진달래 처럼 곱고 아름다운 아이'라는 뜻이다.
셋째는 울 때 목소리가 우렁차서 '채아'이다.
'채송화처럼 강인한 생명을 가진 아이'라는 뜻이다. 분명히 아이들은 밝고 건강하게 자랄 것이다.

♪ 나는 이다음에 아이 이름을 뭐라고 지어볼까요?

일기 주제
나에게 젊어지는 샘물이 생긴다면?   정은아

♪ 내가 제일 싫어하는 냄새는?

🐌 **일기 주제**   나에게 소원을 들어준다는 지니가 나타난다면?   이서준

2021년 6월 30일 수요일
생생 날씨: 미세먼지 으르렁 꽃들은 낑낑
나만의 제목: 지니에게 보내는 편지

  나에게 지니가 나타나서 소원이 뭐냐고 물어보면 나는 이렇게 말할 것이다.
  첫번째, 강아지를 키우게 해줘.
왜냐하면 강아지를 키우고 싶다고 엄마에게 말하면 엄마는 맨날 안된다고 하기 때문이야. 나는 나의 마음을 증명하고 싶어. 내가 증명할 수 있도록 강아지를 키우게 해줘.
  두번째, 나만의 레고방을 만들어줘.
나의 몇 안되는 취미 중 하나인 레고는 나의 잡생각을 없애주고, 끈기 있는 사람으로 만들어주지. 그래서 더욱더 나의 레고들을 깔끔하게 정리하고 전시도 하며 더 집중하며 조립하고 싶어. 나중에 내가 레고 주전자 하나 만들어서 너 줄게.
  마지막으로 세 번째, 우리 모두 건강하고 오래살게 해줘.
아무리 돈이 많고 건물이 있어도 건강하지 못하면 모두 무용지물이잖아. 사실 건강이 최고라고.
  지니야 내 소원 잘 들었지?
잘 부탁한다.

🎵 **나의 소원3가지**

일기 주제 모기에게 보내는 협박 편지 이나연

2021 년 4 월 15일 목요일
생생 날씨: 사르륵 꽃피는 날
나만의 제목: 모기에게 보내는 협박편지

사악한 모기에게

안녕? 나는 니가 빤 피의 주인중 한명인 피해자 이나연이야. 너는 내 피를 빨아서 나는 화가 났어. 그래서 너한테 경고할게. 첫번째로, 우리집에 들어오지마! 그러다 내손 사이에 껴서 끔찍하게 죽을 수도 있어.

두번째는, 내 피빨지마! 내 피 맛없으니까 먹지마. 나는 야채를 좋아해서 채소맛이 날 거야.

마지막으로, 세 번째, 피 물지마. 니가 피를 빨면 사람들이 가려워서 괴로워하니까. 특히 손가락, 발가락 사이와 끝은 얼씬도 하지마!

그리고 나는 피말고 토마토주스를 먹는 걸 추천할게. 피처럼 빨갛거든.

내 경고 잘들었지? 이번 여름 지켜보고 있을 게~!

2021년 4월 15일 목요일
- 모기 킬러 나연이가

♪ 모기가 피 말고 무엇을 먹으면 좋을까요?

일기 주제 나의 내일을 상상한다면?   오은채

2021 년 2 월 6 일 토 요일
생생 날씨: 하늘이 솜사탕 만들기 하는날
나만의 제목: 알쏭달쏭 내일의 스케줄

해님이 정상에 도착했을 때쯤 내일의 나를 상상해 보았다.
① 아마도 10시에 일어나 거실 소파에서 달팽이가 될것같다.
② 아침밥으로는 행복이 담긴 탱글탱글 계란 말이를 먹고 구름이 될것같다.
③ 오후에는 아빠와 공 놀이를 하다가 요리조리 산토끼가 될것같다.
내일을 상상해 보니 뿌듯하기도 하고 내 상상대로 이루어 질지 알쏭달쏭 궁금하고 기대 된다.

♪ 내가 내일 제일 하고 싶은 일은?

일기 주제 나의 10년 후를 상상한다면?   김연아

2021 년 6 월 22 일 화 요일
생생 날씨: 구름이 수상한 날
나만의 제목: 살살 녹는 요리사

10년 뒤면 나는 20살이다.
나는 입에서 사르르 녹는 스테이크를 요리하는 양식 요리사가 되었을 것이다.
20살에 양식 요리사가 될수 있었던 이유는 먼저, 매일 고기를 먹고싶다는 오빠의 소원을 이루어 주기 위해 매일 고기를 구웠고, 굽다보니 살살 녹게 굽는 비법을 발견했기 때문이다.
아마도 나는 큰 키에 긴머리를 찰랑거리는 인기짱 요리사 일것이다. 게다가 마음 속은 두 배가 되는 나눔, 상대방을 먼저 생각해주는 배려, 마지막으로 희망을 주는 용기로 가득차 있는 내가 되어 있으리라고 믿는다.

♪ 10년 후에 나는 무엇을 하고 있을까요?

7
속담 읽기

속담 일기 쓰기 비법

1. 속담이란, 예로부터 전해 내려오는 삶의 지혜와 교훈을 주는 말입니다.

2. 일상생활을 하며 주위 사람들에게 속담을 들어 본 적이 있나요? 왜 그런 속담을 들었는지 속담 책을 찾아서 뜻을 알아보세요.

3. 또는 일상생활에서 듣기 전에 속담집을 읽어 본 적이 있나요? 읽어 본 속담을 활용해 본 적은 있나요?

4. 속담집을 읽었다면 가장 기억에 남는 속담을 뽑아서 일기에 써보세요. 그리고 그 속담의 뜻을 써줍니다.

5. 그다음은 왜 그 속담을 뽑았는지 이유를 써주세요. 나에게 꼭 필요한 교훈 같아서 속담을 고르게 되었는지, 내가 겪은 상황과 비슷해서 고르게 되었는지 등의 이유를 생각해 봅니다.

6. 그리고 그 속담이 나에게 어떤 다짐을 하게 해주었는지, 어떤 교훈을 주었는지 생각해 보세요.

 ## 생각 정리 리스트

- 내가 들어 본 속담은?
- 그 속담의 뜻은?
- 생각의 변화나 다짐을 써본다면?
- 책에서 가장 기억에 남는 속담은?
- 그 속담이 기억에 남는 이유는?

 ## 생각 정리 브레인스토밍

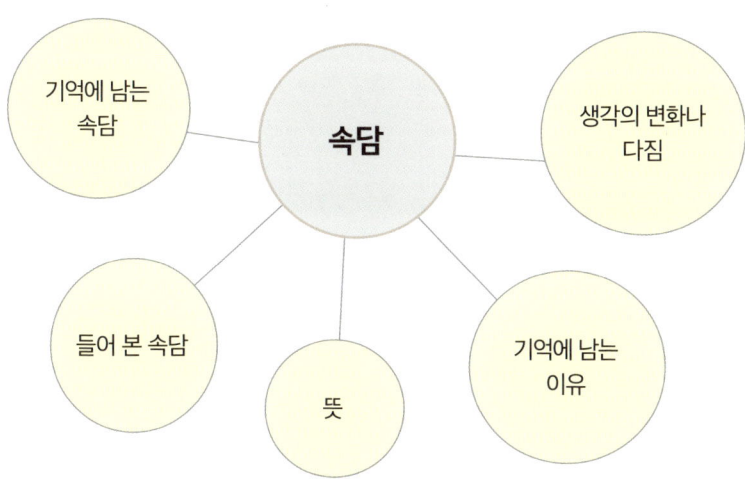

🍇 속담집을 꼼꼼히 보면서 기억에 남는 속담을 골라 보세요.

일기 주제 윗물이 맑아야 아랫물이 맑다   이서준

2021년 4월 14일 수요일
생생 날씨: 벚꽃이 팡팡 팝콘 같은 날
나만의 제목: 물은 거꾸로 흐르지 않는다

어제 저녁이었다.
반찬으로 나물이 나와서 나는 손도 대지 않았다.
그런데 엄마가 갑자기 나를 야단치셨다.
"니가 그러니까 동생도 편식하는 거야. 윗물이 맑아야
아랫물이 맑댔어." 라며 말이다.
순간 내 머리에서 종이 울렸다. 그리고 밥을 다 먹고 난
뒤 이 속담의 뜻을 다시 한번 자세히 찾아봤다.
이 속담의 뜻은 위에서 맑은 물이 흘러야 아랫물도
맑듯이 윗사람이 바르게 행동해야 아랫사람도 바르게
행동한다는 뜻이었다. 뜻을 알고나니 엄마가 나에게 왜 그런
말을 했는지 알것 같았다.

♪ 내가 엄마나 아빠에게 들어 본 속담은?

🐌 **일기 주제** 낮말은 개가 듣고 밤말은 쥐가 듣는다   김수연

2020년 2월 10일 월요일
생생 날씨: 바람이 숙숙, 해님은 쟁쟁쟁쟁
나만의 제목: 취소 안돼!!

해님이 꾸벅꾸벅 졸다가 퇴근 시간 깜빡할 때쯤 속담에 대해 배웠다.
그 중에서도 「낮말은 새가 듣고 밤말은 쥐가 듣는다」라는 속담이 마음에 들었다.
이 속담의 뜻은 항상 말 조심 하라는 것이다. 왜냐하면 말은 한번 해버리면 취소할 수 없기 때문이다.
그래서 항상 고운 말을 쓰고, 친구의 험담을 하지 말아야 하며 마지막으로 신중하게 말해야겠다고 다짐했다.

♪ 왜 말조심을 해야 할까요?

일기 주제 좋은 약은 입에 쓰다   이서현

2019년 1월 10일 월요일 이서현
생생 날씨: 찬바람에 껌 뻥 뚫린날
나만의 제목: 입에 쓴 약은 좋은 약!

저녁 반찬이 무엇일까? 기대하고 있을때쯤 속담에 대해 알아보았다.
많은 속담 중에서 나는 「좋은 약이 입에쓰다」라는 속담이 마음에 와닿았다.
이 속담의 뜻은 「당장은 입에 쓰더라도 그 약은 분명히 도움이 된다」라는 것이다.
또 목표를 이루기 위해서는 참아야 하고 참으면 행복이 올 거라는 것이다.
그래서 앞으로 나는 약이 입에 쓰더라도 좋은 약이니깐 꾹 참고 먹을 것이다.
그럼 나도 행복이 오겠지? ☺

♪ 참으면 행복이 온다는 뜻의 다른 속담은?

🐌 **일기 주제** 벼는 익을수록 고개를 숙인다   이서현

2019 년 12월 12일 목 요일
생생 날씨: 미세먼지가   친구집에 놀러 간 날
나만의 제목: 겸손한 내가 되고 말거야!

미세먼지가 사라진 오후에
「맛있는 속담」이라는 책을 읽어 보았다.
많은 속담중에 벼는 익을수록 고개를 숙인다라는
속담이 가장 가슴에 와닿았다.
이 속담의 뜻은 벼가 익을수록 고개를
숙이는 것처럼, 속이 꽉 차고 훌륭한 사람일수록
교만하지 않고 겸손하다는 것이다.
이 속담이 왜 가슴에 와닿았냐면
나도 이 속담의 뜻처럼 훌륭한 사람이
되더라도 교만하지 않고 겸손해지고 싶기
때문이다.

♪ 벼는 왜 익을수록 고개를 숙일까요?

🐌 **일기 주제** 가랑잎이 솔잎더러 바스락거린다고 한다 전지환

2021년 11월 23일 화요일

생생 날씨: 바람은 쿡두두둑 낙엽은 우수수수

나만의 제목: 겸손은 필수

바스락 낙엽을 밟으며 집으로 와서 속담책을 보았다. 그런데 '가랑잎이 솔잎더러 바스락거린다고 한다' 라는 라는 속담이 눈에 띄었다. 이 속담의 뜻은 자기의 잘못이 큰줄 모르고 남을 탓한다는 뜻이다. 나는 예전에 친구가 시험을 보고나서 100점을 맞을 것 같다며 자랑을 했다. 나는 많이 틀린것 같다고 했더니 공부좀 열심히 하지 그랬냐며 잔소리 하듯이 말했다. 그런데 친구는 100점을 맞지 못하고 내가 더 잘본 것이다. 사람은 언제 어디서나 겸손 해야 하는것 같다. 이 속담을 꼭 그친구에게 꼭 알려 주고 싶다.

♪ 겸손하지 못해서 일어난 일을 떠올려보세요.

8
경험 일기
체험, 여행

 **경험 일기 쓰기 비법**

1. 하루하루 나는 많은 경험을 합니다. 특별한 경험도 하고 그저그런 경험도 합니다. 그런데 그 모든 경험은 소중합니다. 나를 더 멋지게 만들어 주거든요.

2. 경험이란 내가 직접 그 일을 겪으며 새롭게 알게 되거나 깨닫게 되는 것을 말합니다.

3. 내가 겪은 일들을 잘 기억해 보세요. 기억이 잘 나지 않는다면 사진을 보거나 경험을 함께했던 사람들과 이야기를 나누어 보세요. 그리고 그때의 기분이 어땠는지 떠올려 봅니다. 재미있어서 깔깔 웃음바다였는지, 무서워서 바들바들 떨었었는지, 행복해서 걱정이 사르르 녹아버렸는지 기억해 보세요.

4. 그 일로 인해 내가 어떻게 변화했는지도 생각해 보세요.

5. 경험으로 얻은 것은 무엇이었는지도 생각해 보세요. 분명히 우리는 경험이라는 것을 통해서 새롭게 얻은 것이 있을 거예요.

 ## 생각 정리 리스트

- 내가 겪은 경험
- 어떤 기분 이었니?
- 나는 무엇을 얻었니?
- 새롭게 알게되거나 깨닫게 된 것은?
- 나에게 어떤 변화가 있었니?

 ## 생각 정리 브레인스토밍

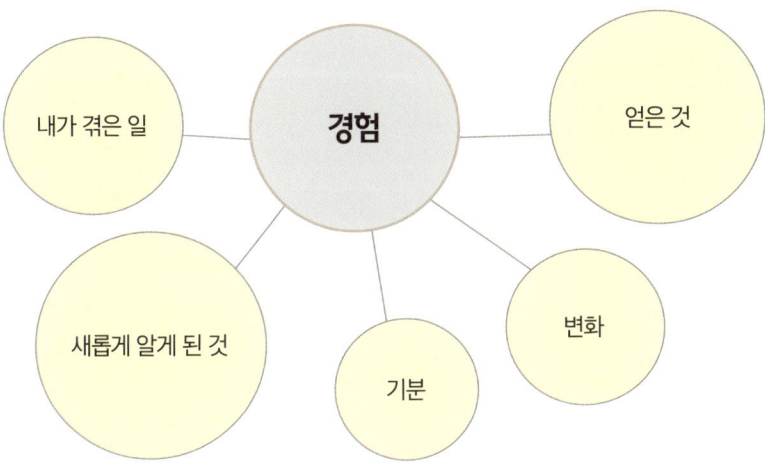

🍇 생각 정리는 모두 다 할 필요는 없습니다. 경험한 일에 따라서 생각을 정리해 보세요.

일기 주제: 도자기 만들기 강승규

2021년 8월 16일 달 요일
생생날씨 : 바람이 출근 안 한날
나만의제목 : 이천 그릇

살랑 바람 부는 오후에 우리가족은 이천 도자기 마을에 갔다. 내가 직접 그릇을 만들었다. 흙이 미끄덩미끄덩 손가락들이 웃었다. 그릇이 언제 올까? 기다려진다.

♪ 나에게 진짜진짜 특별했던 경험은?

일기 주제: 눈놀이 강승규

2021년 1월 8일 금요일
생생 날씨: 겨울바람 때문에 꽁꽁 어는날
나만의 제목: 나+눈=기쁨100

일끝난 아빠랑 같이 눈놀이를 했다. 귀여운 눈사람도 만들고, 누워서 자기도하고, 고드름도 따고, 아빠한테 눈덩어리도 던지고, 눈밭에서 구르기도 하고, 넘어지기도 했다.
눈은 얼음처럼 차가웠지만 집둘이인 나에게 들썩들썩 둠칫둠칫 뿅뿅빵빵한 시간을 선물해 주었다.

♪ 하늘에서 내리는 눈은 나에게 무엇을 주나요?

일기 주제: 부채 만들기   박세현

2021년 6월 29일 화요일
생생 날씨: 소나기가 댄스파티 하는 날
나만의 제목: 힘이 센 수박 부채

1교시 국어 시간에 여름 부채 만들기를 했다. 우리반 친구들은 부채에다가 쥬스도 그리고 마시멜로우도 그렸다. 하지만 나는 수박을 그렸다. 왜냐하면 수박을 먹으면 더위가 쏙 달아나기 때문에, 부채에 그리면 더 시원한 부채가 될 것 같았기 때문이다. 다 만들고 나서 부채질을 해보니 내가 냉장고에 들어가 있는 것처럼 시원했다. "여름아! 얼마든지 오너라!! 내 부채로 날려 보내 줄게!!!!!!!!!"

♪ 내가 부채로 날리고 싶은 것 다섯 가지

일기 주제 여행-바다　　　　　　　　　　　배지원

2021년 9월 24일 금요일
생생 날씨: 예쁜 하늘에 천사가 웃는날.
나만의 제목: 오늘도 최고!

어젯 밤에 가슴이 콩닥콩닥 톡톡 뛰었다. 왜냐하면 드디어 오늘 엄마랑 누나랑 여행을 가기 때문이다. 장소는 강원도에 있는 리조트였다. 물놀이도 최고였고, 모래놀이도 최고였고, 치킨도 최고였고, 기분도 최고였다. 내가 천국에 온것 같았다. 산뜻하고 행복했다. 진짜 최고는 잘때 쉬이이 슈~ 차르르 쉬~ 파도 소리가 정말 신비로웠던 것이다. 여행을 다녀오니 아쉽기도 했지만 다음에 또 갈 생각을 하니 자꾸만 키키키 웃음이 나왔다.

♪ 파도 소리를 상상해 본다면 어떤 소리가 날까요?

일기 주제 캠핑 　　　　　　　　　　　　　　　　　이서현

2021년 6월 22일 화요일
날씨: 해님이 쨍쨍 소나기는 후다닥
제목: 우리의 행복

우리가족은 여행을 무척이나 좋아한다 그런데 지긋지긋한 코로나 때문에 요즘에 여행을 못갔는데 지난주 우리가족은 충추 열린캠핑장으로 여행을 다녀왔다. 캠핑장은 아빠차로 1시간 30분 정도 걸리는데 나는 차안에서 잠이드는 바람에 지루할 틈도 없이 도착했다. 캠핑가서 가장 기억에 남는 것은 뭐니뭐니해도 불멍이다. 불은 보고만 있어도 열었던 나의 마음을 녹여주기도 하지만 그 불에 마쉬멜로우를 구워먹으면 세상을 다 가진 기분이다 그리고 자기전에 누워서 보는 텐트영화는 하루동안 쌓였던 나의 피곤을 날려준다
캠핑은 한 마디로 행복이다.

♪ 우리 가족의 행복은?

9
효 일기

 효 일기 쓰기 비법

1. 효(孝)란? 부모님을 감사와 존경의 마음으로 섬기는 것을 말합니다. 한 마디로 부모님께 예의를 다하는 마음과 행동을 가리킵니다.

2. 먼저 내가 이 세상에 존재하게 된 것은 부모님의 덕이므로 감사한 마음의 자세로 일기를 씁니다. 매우 기본적이지만 꼭 지켜야 하는 부분이니 기억하세요.

3. 그다음 소소한 것부터 시작해서 부모님의 마음을 찾아봅시다.

4. 내가 이렇게 잠을 잘 수 있는 집이 있는 것도 부모님 덕분이고, 맛있는 음식을 먹는 것도 부모님의 덕분이며, 학교에 가서 공부할 수 있는 것도, 무언가를 배울 수 있는 것도 모두 부모님 덕분이라는 것을 잊지 마십시오.

5. 그리고 내가 부모님 마음에 보답할 수 있는 것이 무엇이 있을까 곰곰이 생각해 봅니다. 아주 작은 것부터 생각해보세요. 크고 대단한 것이 꼭 좋은 것은 아니랍니다.

6. 멋진 다짐을 한번 해 보세요. 다짐했다는 것만으로도 여러분들은 큰 효도를 한 거니까요.

생각 정리 리스트

- 내가 느낀 부모님의 사랑
- 부모님께 하고 싶은 말
- 내가 할 수 있는 보은
- 다짐

생각 정리 브레인스토밍

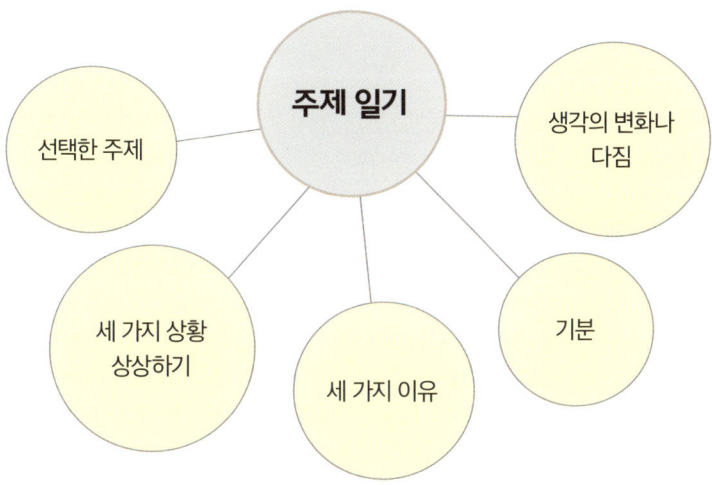

🍇 어떤 내가 되고 싶은지 생각해 보세요. 어떻게 하면 행복한 내가 되는지 생각해 보세요. 내가 행복해야 부모님도 행복하답니다.

일기 주제: 효일기

강다온

2021년 12월 20일 월요일
생생 날씨: 해님이 어리둥절 바람은 휙휙 쌩쌩
나만의 제목: 행복한 우리 가족

나를 위해 고양이를 데려와 준 아빠!
언제나 내 편인 엄마!
게임 같이 해주는 누나!
우리 가족은 나를 엄제나 예뻐해준다. 그래서 너무 너무 좋다.
나는 엄마, 아빠를 위해 공부를 열심히 하고 정리를 잘 하는 아들이 되고 싶다.
누나를 위해서는 착한 동생이 되고 싶다.
그러기 위해 몸도 튼튼 마음도 튼튼한 튼튼이가 되도록 노력할 꺼다.
우리 가족 사랑해요. ♡
우리 모두 튼튼이가 되어요.

♪ 튼튼이가 되기 위해 도전하고 싶은 채소 세 가지

| 일기 주제 | 효일기2 | 김시원 |

```
2020년  9월  25일  금요일
생생 날씨: 하늘은 파랗고 구름은 이제 개어 나서
나만의 제목: 사랑하고 감사한 엄마께 펌 찍는 날
사랑하고 감사한 엄마께
'엄마 안녕하세요!'
'저 재미둥이 시원이에요.'
'제가 엄마께 이 편지를 드리는 이유는
엄마께 생일 편지를 못드려서 아쉬웠고
그리고 저한테 편지를 주셔서 그래요.'
'하고 싶은 말도 있는데 그 말은 엄마께
서 책을 읽어 주시는 것과 엄마께서
맛있는 밥을 해주시면 마음이 웃음으로
꽉 찬 것 같은 느낌이 들어요.'
'그리고 엄마 저를 키워주셔서 정말
감사해요.'
그리고 엄마 언제까지나 정말 정말
사랑해요.'
'엄마 사랑해요!'   게미  재미둥이
                재미둥이 시원 드림
```

♪ 편지 쓸 때 나를 꾸며주고 싶은 말은?

일기 주제: 효일기3

이서준

2018년 4월 16일 월요일
생생 날씨: 벚꽃이 축제하는 날
나만의 제목: 가족은 내 인생

우리 엄마 아빠를 생각하면 뿌듯하고 자랑스럽다. 왜냐하면 이 세상에 태어나서 아름다운 개나리와 벚꽃등 아름다운 봄꽃을 보게 해주셨기 때문이다. 또 쫄깃한 삼겹살을 먹게 해주셨기 때문이기도 하다. 아마도 내가 효도하는 길은 나의 꿈을 이루는 것일거다. 앞으로는 엄마 아빠 말을 한귀로 듣고 한귀로 흘리지 않아야 겠다. 또 무슨 일이든 끝까지 도전하는 끈기있는 사람이 되야 게다. 가족이 있으면 나도 있다. 가족이 없으면 나도 없다.

♪ 나에게 가족이란?

일기 주제 효일기4　　　　　　　　　　　　　　오윤서

2018년 4월 16일 월요일

생생 날씨: 봄햇살이 빙그레! 내 볼은 발그레

나만의 제목: 언제, 어디서나 노력하는 나!

아침에 엄마의 뽀뽀으로 잠에서 깨어났다.
엄마의 사랑이 내 모든곳에 느껴졌다.
그래서 나는 엄마를 사랑한다.
엄마는 언제나 나를 첫번째로 생각하시고
언제나 나를 첫번째로 사랑하시며
언제나 나를 첫번째로 챙겨주시기 때문에
엄마에게 기쁨을 선물로 드리고 싶다.
기쁨을 선물로 드리기 위해서 내가 할수있는 일을
찾아보았다. 먼저 엄마를 많이 도와준다.
그리고 내가 꿈을 이룬 멋진 엄마의 딸이 되어
효도를 많이 해주는 것이다.
엄마에게 기쁨 선물을 드리기 위해 언제, 어디서나
노력을 많이 하는 내가 되고 싶다.

♪ 내가 효도했던 일

일기 주제 효일기 5　　　　　　　　　　　　　　김수연

2021년 12월 22일 수요일
생생 날씨: 바람이 거시인가? 너무나 따가운 날
나만의 제목: 행복을 선물합니다

며칠 뒤면 크리스마스 이브 날이다.
나는 크리스마스 이브가 좋다. 산타 할아버지한테
선물을 받기 때문이다. 그런데 엄마아빠는
못 받는다. 그래서 내가 엄마아빠한테 선물을
주고 싶다. 먼저 엄마께는 엄마의 고운 손을
위한 식기세척기와 엄마의 피곤함을 없애줄
안마의자를 사드릴 것이다.
그다음 아빠께는 기쁨이 첨가된 비타민과
내가 만든 안마신발을 드리고 싶다.
하지만 제일 드리고 싶은 선물은 행복이다.

♪ 내가 부모님께 드렸던 선물은? 앞으로 드리고 싶은 선물은?

10
감사 일기

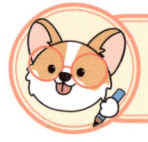 감사 일기 쓰기 비법

1. 아침에 일어나서 밤에 잠이 들 때까지 나에게는 엄청나게 많은 감사한 일이 있습니다. 하지만 우리는 너무 당연하게 생각하고 있어서 잘 모르는 경우가 많아요.

2. 아침에 눈을 떠서 시계를 볼 수 있는 것도 감사한 일이고, 음식의 맛을 느낀 혀에게도 감사하고, 걸을 수 있는 내 두 다리와 글씨를 쓸 수 있는 내 손에게도 연필에게도 노트에게도 감사한 일이지요.

3. 하나씩 생각해보면 그 어떤 것도 감사하지 않을 수 없답니다. 코감기에 걸려서 속상하다고요? 하지만 코감기 정도로 끝난 것이 감사한 일일 수도 있는 거죠.

4. 오늘의 일을 긍정적으로 생각해 보세요. 이만해서 다행이고 이마저도 행복한 일이구나 하고 말이에요.

5. 감사 일기를 쓰면 좋은 점은 더 감사한 내일을 만날 수 있고, 더 나은 내일을 만날 수 있는 겁니다.

생각 정리 리스트

- 내 몸에 대해 감사한 점은?
- 내 주위 사람에게 감사한 점은?
- 그 이유는?
- 내 물건에 대해 감사한 점은?
- 그 밖에 감사한 일은?
- 내일을 위한 다짐을 해본다면?

생각 정리 브레인스토밍

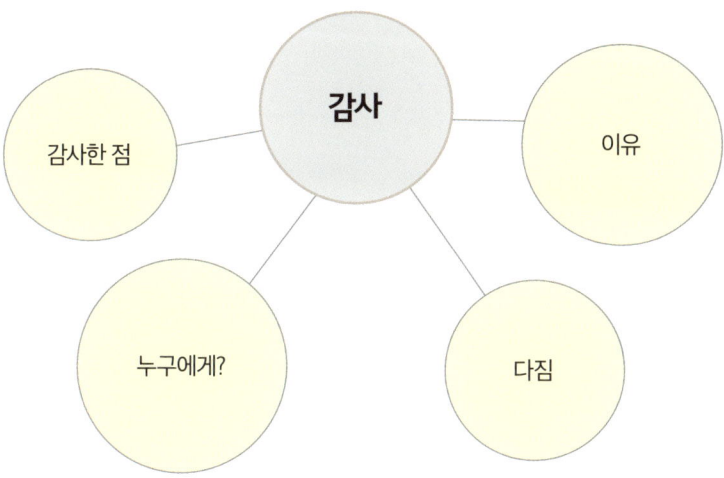

🍇 꼭 대단한 것이 감사한 일은 아니에요. 작은 것에도 감사한 마음을 가져 보세요.

일기 주제 감사1 　　　　　　　　　　　　　남유현

2021년 6월 2일 수요일
생생 날씨: 해님은 방실이 나는벙실이
나만의 제목: 희망의 씨앗

아침에 깨워주시는분 엄마!
사랑많 아침을 주시는분 아빠!
재미난 이야기를 많이 해주는 우리누나
기쁨을 주는 우리집 강아지 우리모떼
나에게 사랑을 듬뿍 주는우리 가족
정말정말 감사합니다.
나도 내일부터는 우리 가족에게
사랑을 주는 희망의 씨앗이 되야겠다.

♪ 가족에게 어떤 존재가 되고 싶나요?

🐌 **일기 주제** 감사2

장유진

```
2021년 9월 22일 수요일
생생 날씨: 여름 바람인지 가을 바람인지 헷갈린 날
나만의 제목: 듬뿍 감사의 하루
 엄마 아빠가 해주신 맛있는 저녁을 먹고나서
감사에 대해 생각해 보았다.
 1. 머리에 감사하다.
 왜? 우리몸에서 가장 소중한 부분이고, 모든 일들을
기억 할 수 있으니까.
 2. 두 발에 감사하다.
 왜? 두 발 덕분에 걸을 수 있고, 달리기도 할수 있고
줄넘기도, 자전거도 탈 수 있으니까.
 3. 책에 감사하다.
 왜? 책에는 많은 정보가 있어서 엄청난 지식들을
얻을 수 있으니까.
 오늘은 듬뿍 감사의 날이다.
```

♪ 내 눈에게 감사한 점을 생각해 본다면?

일기 주제 감사4 　　　　　　　　　　　　　　유도경

2021 년 10 월 20 일 수 요일
생생 날씨: 바람은 쌩쌩 나는 꽁꽁　　유도경
나만의 제목: 오늘도 감사해용~♡
　고소한 사랑맛 저녁을 먹고 <오늘의 감사>에 대해
생각해 보았다.
　첫 번째, 엄마가 나에게 뽀뽀를 해 주셔서
감사하다.
　두 번째, 아빠가 나를 늘 믿어 주고, 응원해 주셔서
감사하다.
　세 번째, 아름다운 하늘을 볼 수 있는 내 눈에게
감사하다.
　네 번째, 언니가 나를 포옥 안줄때 포근하고,
따뜻하다. 그리고, 언니가 나를 깨워주고,
도와준 언니에게 감사하다.
　내일은 더 감사하는 마음으로 살아야겠다.

♪ 가족에게 제일 감사를 느꼈던 일은?

일기 주제: 감사5

김수연

2021년 6월 22일 화요일
생생 날씨: 해님이 쉬엄쉬엄 쉬어가는 날
나만의 제목: 감사는 리듬을 타고!!!!

바빴던 하루를 정리하면서 오늘의 감사에 대해 생각해 보았다.
먼저, 학교 선생님과 재미있는 놀이를 할 수 있음에 감사했다. 달리 달려옹 이라는 놀이 였는데 어쩔 수 없이 걸리면 예쁜 짓을 해야하는 웃긴 놀이 였다.
다음, 친구들이랑 '윈터'라는 영화를 볼 수 있음에 감사했다. 주인공 여기를 보며 먼저 다가가는 것이 얼마나 중요한지 알게 되었다.
마지막으로 무용을 배울 수 있음에 감사했다. '파타파타'라는 라인 댄스를 배웠는데 뿌듯하기도 하고, 온 몸이 리듬으로 가득 찬 느낌 이었다.

♪ 학교에서 감사했던 일을 생각해보자.

일기 주제 아빠 고기 　　　　　　　　　　　　　　　　서지민

2021년 12월 4일 토요일
생생 날씨: 해님이 반짝반짝 웃는날
나만의 제목: 아빠가 해주시는 감사 고기

저녁 반찬이 무얼까 기대하고 있을 때쯤 아빠가 고기 요리를 해주셨다. 아빠의 고기는 물캉물캉하고 간이 딱! 좋다. 나도 어른이 되면 내 아이들에게 이런 고기요리를 만들어 주고 싶다. 아빠는 정말 최고의 요리사다.
"아빠! 정말 감사해요!"

♪ 아빠에게 감사했던 일을 생각해보자.

11
다짐 일기

다짐 일기 쓰기 비법

1. 일기를 쓰면서 '마무리는 어떻게 하지?' 하고 고민을 하게 될 거예요. 마무리의 가장 좋은 방법은 다짐을 써보는 거예요.

2. 다짐이란, 앞으로 할 일에 대해 마음을 굳게 먹고 나와 약속을 하는 거예요. 약속은 나를 더 믿음직한 사람으로 만들어주는 마법 같은 비법이랍니다.

3. 오늘 나에게 있었던 일을 일기로 쓰면서 오늘을 되돌아보고 나의 행동을 되돌아보며 더 나은 내일을 위해 다짐이라는 것을 해보는 겁니다.

4. 다짐을 하면 좋은 점은 아주 멋진 일기의 마무리를 장식할 수 있고, 더 멋진 내일을 계획할 수 있다는 거지요.

5. '기분이 정말 좋았던 일, 뭔가 기분을 슬프게 했던 일, 반성을 해야하는 일, 후회되는 일, 도전하는 일, 새로운 것을 만나는 일' 등 다짐을 해본다면 더 나은 다음을 만나게 됩니다. 내일도 오늘 못지않게 소중하니까요.

생각 정리 리스트

- 오늘 나에게 있었던 일 또는 내일 만나게 될 일
- 그 일로 인해 느낀 느낌 또는 감정의 변화
- 더 나은 다음을 위한 다짐
- 다짐을 하게 된 이유

생각 정리 브레인스토밍

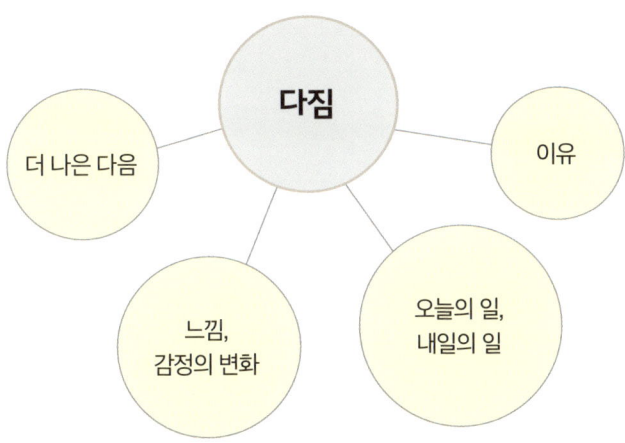

🍇 시작이 반입니다. 다짐이 멋진 하루의 반이 될 수 있어요!

일기 주제 다짐1 김유찬

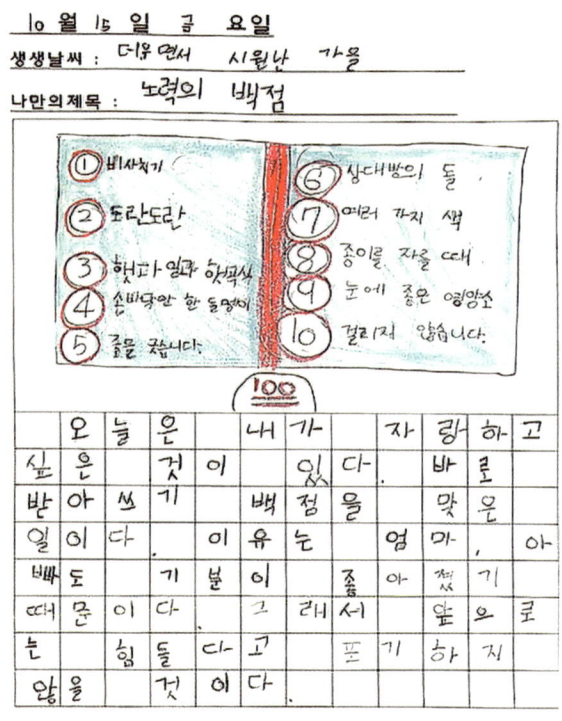

♪ 내가 자랑하고 싶은 일 세 가지

일기 주제 다짐2   배지원

2021년 9월 2일 목요일
생생 날씨: 가을 바람이 노래 하는날
나만의 제목: 솔직 지원

매콤달달 제육볶음으로 저녁을 먹고 기분이 최고 였는데 갑자기 내 기분은 쓸쓸해졌다.
왜냐하면 엄마에게 혼났기 때문이다. 그 이유는 내가 학원을 안 갔는데 갔다고 거짓말을 했기 때문이다. 그래서 반성을 했다.
1. 놀이터에서 더 놀고싶어서 학원을 안 간것을 반성한다.
2. 엄마한테 솔직하게 말하지 않은 것을 반성한다.
다음부터는 솔직하게 말하는 사람이 되어야겠다.

♪ 내가 기억하는 나의 가장 큰 거짓말은?

일기 주제 다짐3 　　　　　　　　　　　우수연

2021년 1월 6일 수요일
생생 날씨: 빨래가 얼어 버린 날
나만의 제목: 즐겁게 지내요 선생님~!!!

얼마 뒤면 3학년이 된다. 그래서 가슴이 펄쩍펄쩍 뛰기도 하고 호기심이 자꾸자꾸 커진다. 왜냐하면 몇 반이 될지, 어떤 친구를 만날지, 어떤 선생님을 만날지 궁금하기 때문이다.

「선생님 사로잡기」 책을 읽어보니 주인공 윤하가 선생님의 사랑을 받기위해 엄청나게 노력했다. 힘들어 보이기도 하고 행복해 보이기도 했다.

나는 선생님의 마음을 사로잡기 위해
첫번째: 선생님 말씀에 귀를 기울이고
두번째: 맡은 일을 열심히 최선을 다하고
세번째: 불평, 불만을 하지않고 행복하고 감사한 마음으로 학교 생활을 할 것이다.
3학년아, 기다려 곧 갈게!

♪ **다음 학년을 위한 나의 다짐은?**

일기 주제 다짐4　　　　　　　　　　　　　　배지원

2021년 7월 19일 월요일
생생 날씨: 땅바닥이 지글지글 달걀후라이 함
나만의 제목: 킥보드 꽈당 사건

지난주 토요일에 킥보드 꽈당 사건이 벌어졌다. 별이라는 강아지를 찾으러 중앙공원으로 킥보드를 타고 달려갔다. 그런데 바닥에 있는 작은 돌멩이를 보지 못해서 앞으로 쟈의 우당탕탕 넘어지고 말았다. 너무 아파서 눈물이 수도 꼭지 튼 것처럼 팔팔 나왔다. 손바닥이랑 팔꿈치에서 피도 났다. 몸도 아프고 마음도 아팠다. 앞으로는 바닥을 보면서 다녀야겠다. 또 내 몸의 주인은 나니까 나를 더 아껴 주고 지켜 주어야 겠다고 다짐했다.

♪ 넘어져서 다친 적이 있다면 그때 했던 나의 다짐은?

일기 주제 다짐5 오현서

2020.10/3(개천절) 날씨: 맑음

제목: 코피 팡팡!

생생날씨: 여름것같은 따뜻한날

낮에 코를 파다가 코피가 났다. 코피가 멈추지 않았다. 코에 휴지를 넣어놓고 도서관에 가게 되었다. 마스크는 대충 썼는데 건드리면 코가 아팠다. 빼 봤더니 코가 간질간질거렸다. 반쯤 뺐는데 재채기가 에에 취!! 나왔다 나왔는데 재채기가 또!! 에에취!! 나왔다. 취!! 또 재채기가 나올까봐 휴지를 쏙 넣어 놨다. 휴지를 넣어 놨는데도 재채기가 취!!하고 나왔다. 나올락 말락 하고 있다가 안나왔다. 나 현서는 코를 파지 말아야 겠다는 생각이 들었다. 그 약속을 안지키면 안된다는 생각이 든다.

♪ 코피가 나 본 적이 있나요? 그때 기분이 어땠나요?

12
감정 일기

 일상 감정 일기 쓰기 비법

1. 나는 오늘을 지내면서 많은 감정을 느낍니다. '좋다, 싫다, 행복해, 슬퍼, 황당해, 웃겨, 지겨워, 흐뭇해, 고마워, 불쌍해, 무서워, 다행스러워' 등 셀 수 없이 다양한 감정을 느끼고 있어요.

2. 그러니 그 다양하게 느낀 감정을 일기에 써보세요. 그냥 '좋았다, 재미있었다'가 아니라 '눈물나게 감격스러웠다' '가슴이 콩닥콩닥 설렌다' '웃음이 깔깔 벅찬 시간이었다'처럼 구체적이면서도 다양하게 표현해보는 거예요.

3. 내가 어떤 감정을 느낀 건지 잘 모른다고요? 그럼 감정에 대한 책을 찾아보며 내가 지금 느낀 감정에 대해 공부하고 알아보세요. 감정 공부는 생각보다 흥미롭고 재미나답니다.

4. 책을 읽다보면 새로운 감정에 대해서도 알 수 있어요. 새로운 감정을 알게 되면 다양한 나의 감정을 표현할 수 있지요.

5. 또, 구체적으로 다양하게 감정을 표현하면 내 생각을 더 쉽고 확실하게 전달할 수 있는 좋은 점이 있답니다.

생각 정리 리스트

- 나는 오늘 어떤 일이 있었니?
- 어떤 감정을 느꼈니?
- 다양한 감정표현을 찾아보자.
- 그중 하나만 글감으로 정해보자
- 새로운 감정 표현을 찾아보자.
- 감정 표현에 흉내 내는 말을 넣어보자.

생각 정리 브레인스토밍

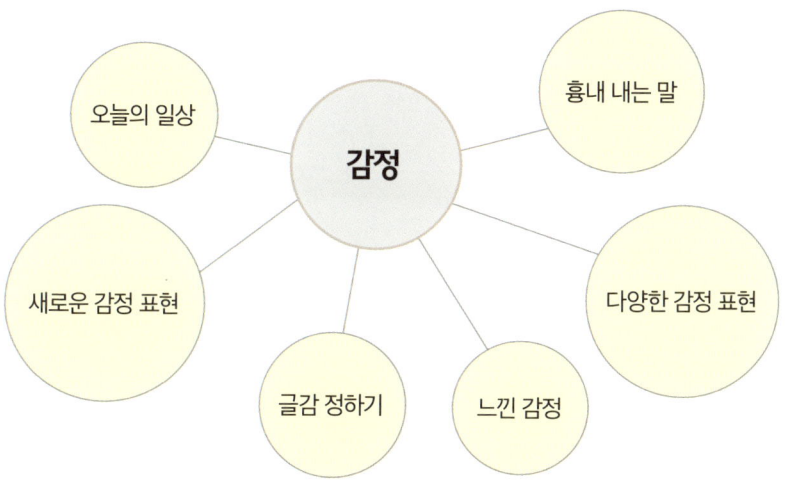

🍇 감정을 구체적으로 표현하면 일기를 길게 쓸 수 있어요!

일기 주제 일상 감정1   강승규

2021년 8월 1일 일요일
생생날씨: 해님이 사람구이 하는 날
나만의제목: 신남 바다

아침에 눈을 뜨자마자 밥도 안 먹고 바다로 달려갔다. 바다는 밥을 주지는 않았지만 신남을 주어서 배불렀다.

♪ 나는 밥 말고 무엇을 하면 배가 부른 느낌인가요?

일기 주제 일상 감정2   강다나

♪ 나는 기분이 좋을 때 어디까지 날아가는 기분인가요?

일기 주제 일상 감정3

김영륜

2020년 1월 23일 목요일
생생 날씨: 햇볕이 수줍은 색시 같은 날
나만의 제목: 네잎 클로버의 행운이 가득하길...

오늘은 내친구 현이랑 연이의 생일이다.
그래서 생일 선물을 준비했다. 그것은 바로
웃음이 실실 나오는 기프트 카드다.
선물을 준비하면서 나도 모르게 웃음이 나고
기분이 좋았다. 연이 현이에게 선물을 주니
행복한 표정이였다. 내가 행복을 선물해 준것만
같아서 뿌듯하고 기쁘다.
"4학년에는 더 책임감 있고 고운 마음을 가진
착한 친구가 되길 바래!! 그리고 늘 네잎 클로버의
행운이 가득하길 바래!"

♪ 생일인 친구에게 하고 싶은 말

일기 주제 일상 감정4   김수연

2021년 6월 29일 화요일
생생 날씨: 소나기가 와다다 지나간날
나만의 제목: 뿌듯해지는 체육시간

햇님이 웃는 3교시 체육시간에 공 주고 받기를 했다. 짝과 마주 보고 포물선 모양을 그리며 한 명이 던지면 머리나 가슴으로 공을 받는 것이다. 그 다음 지그재그로 주고 받기를 했다. 그런데 내가 공 주고 받기를 너무 잘하는 것이였다. 공이 내 손에 착착 잘 붙는게 너무 신기했다. 짝꿍까지 칭찬해 주어서 통쾌함이 머리부터 발끝까지 차오르는 기분이었다. 정말로 뿌듯해서 어깨가 으쓱 춤을 추는 체육시간 이었다.

♪ 나는 칭찬을 받으면 내 몸의 어디가 어떻게 춤을 추나요?

일기 주제 일상 감정5　　　　　　　　　　　　　　　문시후

2021년 6월 22일 화요일
생생 날씨: 소나기와 여름해가 싸우는 날
나만의 제목: 리얼한 것도 죄냐?!

소나기가 아침밥 먹고 일할 준비 할 때쯤 나에게는 황당한 사건이 일어났다. 얼마나 황당 했는지 속이 까맣게 타서 와르르~~ 무너질뻔 했다. 사건이 시작은 1교시 쉬는 시간 이었다. 나는 아이들과 좀비 놀이를 하기위해 가위바위보를 했고 내가 좀비로 당첨 됬었다. 그래서 나는 좀비 처럼 리얼 하게 어슬렁 거리며 친구들을 공포에 떨게 했다. 그런데! 우리반 안전을 책임지는 안전 경찰이 내 이름을 아무말 없이 화이트보드에 적은 것이다. 나는 그저 좀비 흉내를 리얼 하게 냈을 뿐인데 너무나 억울 했다.

♪ **최근에 황당하고 억울했던 경험은?**

일기 주제 일상 감정6   강다온

7월 21일 수요일
생생날씨: 매우 맑음, 시원한 바람이 쿨쿨 불음
나만의 제목: 안녕하세요 방울!

해	님	이		퇴	근		준	비	할
때	쯤	을	할	아	버	지	와	완	두
콩	을		까	쓰	다.	완	두	콩	들	이
까	꿍	까	꿍,		밍	기	적	밍	기	적
소	리	쳤	다.		행	복	했	다.	즐	겁	고
흐	흐	흐							

♪ 나는 기분이 좋을 때 어떤 웃음소리가 나오나요?

일기 주제 일상 감정 7 정은아

♪ 재미있는 책을 읽으면 내 기분은 어떤가요?